Orientalisches Leipzig
Orte, Menschen, Bauwerke, Institutionen

Edition
Hamouda

Orientalisches Leipzig
Orte, Menschen, Bauwerke, Institutionen

Herausgegeben von

Kristina Stock
&
Fayçal Hamouda

Edition
Hamouda

Was hat Leipzig mit der orientalischen Welt zu tun? Auf den ersten Blick sicher nichts. Wenn man jedoch genauer hinsieht, kann man einiges entdecken: den arabischen Coffe Baum, das Stadtbad im Stil eines maurischen Hammams, Moscheen mit einem lebendigen Gemeindeleben, Leipziger Pfarrer, die sich für Andersgläubige einsetzen und zu Friedensgebeten aufrufen, aber auch Künstler, Ärzte, Händler, Studenten, deren Wurzeln in Nordafrika oder dem Nahen Osten liegen, beziehungsweise abenteuerlustige und wissbegierige Leipziger, die ihre Zelte in jenen fernen und heute doch so schnell erreichbaren Gegenden der Erde aufgeschlagen haben. All diesen Menschen ist der Band gewidmet. Einige kommen selbst zu Wort, andere verschaffen sich durch ihre vielfältigen Werke Aufmerksamkeit in einem bunten Kaleidoskop orientalischer Fabulierkunst.

Die Herausgeber:
Kristina Stock lehrt an der Universität Leipzig arabische Rhetorik und Dichtung, bildet Konferenzdolmetscher aus und übersetzt Belletristik aus dem Arabischen. Daneben veröffentlichte sie arabistische Forschungsarbeiten zu Manipulationstechniken, stilistischen Themen und zeitgenössischer Belletristik sowie gemeinsam mit Günter Barthel ein „Lexikon Arabische Welt".
Fayçal Hamouda stammt aus Tunesien, den Kulturdialog versteht er als Beruf und Berufung. Er ist selbstständiger Verleger und Projektkoordinator beim DAAD.

1. Auflage
Alle Rechte vorbehalten
Umschlagbild: Kristina Stock, Lothar Stein
Druck: PBtisk s. r. o., Příbram
© Edition Hamouda, Leipzig, März 2013
ISBN 978-3-940075-73-4
www.hamouda.de

Inhalt

Über dieses Buch
Einladung zur Entdeckertour   7
Ein Problem der Sprache   9

Orte
Bri Schröder
Die Düfte des Orients in Bazaren und Teestuben   12

Tarek El-Sourani
Harmonisches Miteinander in einer Moschee
in Leipzigs Osten   16

Juliane Stöhr
Friedensgebete für Irak und Palästina
in der Nikolaikirche   21

Lara-Lauren Goudarzi-Gereke
Erinnerungen an einen großen persischen Dichter
im Hafisweg   36

Menschen
Vicky Ziegler
Ein palästinensischer Schönheitschirug wird Leipziger   42

Kristina Stock
Karasholi und Karachouli umarmen die Meridiane   54

Alexander Djacenko
Eine deutsche Mutter flieht mit ihren Kindern
vor dem Krieg im Irak   72

Lukas Scholz
Ein Schammar-Scheich adoptiert einen Leipziger Forscher   88

Charlotte Maria Schmidt
Mona Ragy Enayat holt Lieder und Bilder vom Nil
an die Elster   108

Bauwerke
Katrin Beuchel
Das Leipziger Stadtbad: Eine Oase im orientalischen Stil   123

Juliane Stöhr
„Zum Arabischen Coffe Baum": Eine Reise durch die Welt
des Kaffees   133

Kristina Stock
Das Völkerschlachtdenkmal: Ein Monument mit ägyptischen
Vorbildern?   143

Institutionen
Shahin Rasul
Die helfenden Hände der Frauenvereine   153

Kristina Stock
Die akademische Welt der Archäologen, Ethnografen und
Philologen   164

Autorinnen und Autoren   176

Bildnachweis   177

Über dieses Buch

Einladung zur Entdeckertour

Lassen Sie sich einladen, der sprichwörtlich arabischen Fabulierkunst zu frönen, die in Leipzig sicher auch hier und da praktiziert wird, aber angesichts der zunehmenden Hektik oft nicht zur Entfaltung kommen kann. Deshalb der Vorschlag, sich jetzt Zeit zu nehmen, um Bilder, Gedanken, neue Erkenntnisse vorbeiziehen zu lassen, nicht streiflichtartig oder ökonomisch zusammengefasst, sondern wie es die Araber im Mittelalter schon liebten, unterhaltsam didaktisch, gleich einem, der durch Gärten wandelt und kaum, dass er einen durchschritten hat, schon von einem anderen angezogen wird, der auch erkundet werden muss. So beschrieb im 11. Jh. der Universalgelehrte al-Biruni die arabische Schreibart, die in unserem Band Auswahl und Ausführlichkeit der Texte beeinflusst hat und die auch dazu führt, dass man die Gärten kreuz und quer durchschreiten mag und in einem anderen Garten auf etwas trifft, das man schon einmal erblickt hat, aber jetzt noch eindringlicher wahrnehmen kann. Wenn Sie in einem Kapitel einen Menschen kennen lernen, finden Sie möglicherweise sein Wirkungsfeld in einem anderen Kapitel wieder.
Das Buch erfasst vier Themenkomplexe: Orte, Menschen, Bauwerke, Institutionen. Das mag sehr sachlich klingen, ist aber nur als roter Faden gedacht, der hilft, sich im Labyrinth der Eindrücke zurechtzufinden. Beim Umherschweifen passiert es, dass einem manch Bemerkenswertes entgeht, entweder weil man die Flut der Eindrücke bewusst filtert oder weil man auch einiges übersieht, denn in einem Irrgarten kann man schon mal den Überblick verlieren. Und so ist es auch mit dem „Orientalischen Leipzig". Beim Gang durch diese Stadt sieht und hört man so viel und kann doch nicht alles festhalten.
Für dieses Buch sind Menschen unterwegs gewesen, virtuell vor dem Computer sitzend, über Bücher und Dokumente gebeugt, aber auch wirklich auf dem Fahrrad zur Moschee, zu Fuß über

den Markt und in die Cafés, mit der Straßenbahn bis ins Stadtarchiv, mit dem Fotoapparat auf die Baustelle des Stadtbads, ja sogar in eine Schönheitsklinik. Man hat Menschen geschrieben oder sie angerufen, sich mit ihnen getroffen, um in ihr weltenüberspannendes Leben zu tauchen, ihren Alltag zu beobachten, ihre Sorgen zu verstehen – und ihre Freuden auch.

Empathie und Offenheit waren stets die Begleiter der wissbegierigen Spurensucher. Verständnis für den anderen, auch resultierend aus schon lange gewonnenen Einblicken in andere Sprachen, in andere Sitten, in andere Künste, in andere Vergangenheiten. Klischees spielten keine Rolle. Auch nicht das, was man auf den ersten Blick wahrnimmt. Hintergrundwissen half beim Enträtseln einer fremden Welt, die um so vieles anders ist und doch vertraut werden kann.

Schon auf den ersten Blick erschließt sich dieses Fremde in Leipzig, dieses Orientalische, sobald Klischees erfüllt werden: verschleierte Frauen in den Kaufhäusern, verschleierte Mädchen vor den Schulen. Die Männer fallen weniger auf. Da muss man erst mal ein Bistro betreten und Döner, Halloumi oder Falafel kaufen, dann sieht man auch sie. Und manche arbeiten als Kellner und Köche in Italienischen Restaurants, wo sie ihre wahre Identität allerdings nicht preisgeben sollen.

Doch wie viele erkennt man nicht, zumindest denkt man nicht weiter über sie nach. Man geht vorbei, so wie man an den reizvollen Fassaden mancher Häuser vorbeigeht, den Blick nach innen oder in die Schaufenster gerichtet. So wie man die Menschen nicht tiefer wahrnimmt, so bemerkt man auch die architektonischen Schönheiten nicht, die sich oft erst auf den zweiten Blick oder hinter einer verschlossenen Tür auftun. Noch schwieriger ist es, die äußerlich nicht sichtbaren Zeugnisse der vielfältigen Begegnungen zwischen Leipzig und dem Orient zu ergründen, die verschiedenen Institutionen, die für den Dialog wirken, die Menschen, die in einer Nische Großes leisten:

Menschen, die auszogen, den Orient zu begreifen, um ihn, hierher zurückgekehrt, den anderen zu erklären.

Menschen, die hierblieben und den Orient nach Leipzig holen.

Menschen, die aus dem Orient kamen, um hier eine zweite Heimat zu finden.

Menschen, die ihre Heimat mit nach Leipzig brachten.
Menschen, die zwischen Orient und Okzident schwanken und ihre Identität immer wieder aufs Neue suchen müssen.
Ist die Welt kleiner oder größer geworden? Kleiner, weil man schneller überall sein kann, weil man sie überblicken kann, sogar tatsächlich aus dem All. Aber auch viel größer, weil man mehr von ihr weiß, weil man Ungeahntes entdecken kann, weil man ferne Völker sehen und hören kann, ja sogar riechen und anfassen, wenn man in wenigen Stunden tausende Kilometer überbrückt. Schmecken kann man ihre Speisen auch in Leipzig, ohne die Welt tatsächlich überfliegen zu müssen. Die Welt erkunden sollte man aber wenigstens im Geiste, um all das besser zu begreifen, was die Sinne einem tagtäglich an Fremdem, an Ungewohntem präsentieren. Bücher, persönliche Begegnungen, Reportagen können dabei helfen, aber wie bei allem im Leben muss man sich bewusst sein, dass man nur einen kleinen Ausschnitt der Realität, noch dazu einen sehr subjektiven wahrnehmen kann.

Kristina Stock
Leipzig, im Januar 2013

Ein Problem der Sprache

Die richtige Sprache zu finden, ist gemeinhin ein Problem. Manchmal ein unüberbrückbares, weil unsere Sprachen trotz jahrtausendealter „Lebenserfahrungen" und permanenter Wandlungsbereitschaft für manches keine Worte haben, zumal wenn die zu bezeichnenden Sachverhalte noch relativ jung sind oder wenn sich die Einstellung ihnen gegenüber immer wieder ändert oder wenn man gar nicht genau fassen kann, was man eigentlich bezeichnen will. Und so ist es auch mit dem Begriff „Orient".
Wenn ich das Wort „Orient" höre, habe ich sofort gewisse Assoziationen und Vorstellungen, seien es Bauchtänzerinnen oder Teppichhändler.
Jeder versucht mit bestimmten Begriffen etwas zu kategorisieren,

er oder sie hebt bestimmte Charakteristika besonders hervor oder reduziert Dinge, Menschen, Kulturen oder Regionen auf bestimmte Merkmale, und somit ist schon ein identitätstragendes Anderes entstanden, ein Stereotyp, das man immer in Beziehung mit dem Urteilenden zu sehen hat.

Was also steckt hinter „Orient"?

Der Begriff entstammt dem lateinischen Wort *oriens* („Osten", „Morgen") und war Teil der geografischen Bezeichnung *plaga orientalis* („Östliche Gegend"), bezogen auf die *plagae mundi* („Gegenden der Welt"). Früher bezeichnete der Begriff den asiatischen Raum um China und Indien bis hin zu den vorderasiatischen Ländern. Heute ist damit zumeist der Nahe Osten einschließlich Türkei, Pakistan, Nordafrika und Iran gemeint. Traditionell wurde „der Orient" als magischer Ort mit dunklen Geheimnissen mystifiziert oder auch romantisiert, so in der Weimarer Klassik von geistigen Größen wie Johann Wolfgang von Goethe. In der Hauptsache bedeutet der Orient also eine unterschiedlich definierte Region der Erde, die mit mannigfaltigen Assoziationen behaftet ist.

Seit den 70er Jahren des 20. Jh. entwickelte sich um den Begriff eine Debatte, die der palästinensische Literaturkritiker Edward Said forciert hatte. Er kritisiert den subjektiven und ethnozentrischen Blick westlicher Wissenschaftler, die sich selbst als Orientalisten bezeichnen. Sie würden den sogenannten Orient als Konstrukt ausfeilen und sich dabei in eine imperialistische Machtposition drängen. Durch die Kategorisierung und Typisierung des Orients, die meist einhergehe mit einer islamfeindlichen Tendenz, maße sich der westliche Beobachter eine herrschende Rolle an.

Wie dem auch sei: Die Bezeichnung „Orient" ist nicht in der damit bezeichneten Gegend der Welt entstanden. Schon deshalb ist sie in gewisser Weise einseitig. Die ideologischen Diskussionen, die sich an dem Begriff entzünden, führen zu weiteren Verunsicherungen.

Genau deshalb sehen wir uns gezwungen, selbstkritisch den Titel dieses Buches zu erläutern. Begriffe wie der Orient sind natürlich zum einen da, um uns die Welt einfacher zu machen, denn wenn Dinge eingeordnet sind, fühlen sich Menschen wohler. Zum anderen sind solche Bezeichnungen aber auch Konstrukte einer Gegenposition, sie sind Stereotype und dienen zur Abgrenzung, und gerade dies kann bekanntlich zu gravierenden Ismen führen, wie Rassismus, Nationalismus usw.

Dennoch heißt dieses Buch „Orientalisches Leipzig", damit eben doch irgendwo eine Einordnung stattfinden kann. Wir haben keinen anderen Begriff finden können, der unsere Thematik in eine Richtung eingrenzt. Es gibt schon einen Band, der „Englisches Leipzig" heißt. Wir wollten die Reihe fortsetzen und haben uns an Konventionen gehalten, um einem geografischen Raum einen Namen zu geben.

Viel Spaß beim Lesen wünscht

Bri Schröder
im Namen aller Autoren

Bri Schröder

Die Düfte des Orients in Bazaren und Teestuben

„Bananen, Bananen! Pfirsiche heute zum halben Preis!", hallt es laut und durcheinander auf dem vollen Platz. Die Sonne lässt die Blätter der Bäume golden glitzern, auf dem Platz tummeln sich die unterschiedlichsten Menschen, um ihren Wocheneinkauf zu machen oder einfach ein bisschen das Angebot zu begutachten und auszukosten. Früchte aller Art in kräftigen Farben und in großen Mengen werden von den Marktschreiern als besondere Ware, sehr köstlich oder günstig angepriesen. Würde hier noch gehandelt und gefeilscht werden, wäre ein jeder sicher, er sei auf irgendeinem kleinen Markt einer arabischen Stadt gelandet!
Nur befinden wir uns gerade auf dem Verbrauchermarkt in Leipzig am Sportforum, wo viele der Händler arabische Wurzeln haben. Die traditionellen Märkte in ihrer Heimat, auf Arabisch Suq, auf Persisch Bazar, sind normalerweise unbewohnt und einstöckig. Hier befindet sich das Zentrum des Einzelhandels und Handwerks. Meist liegen die Geschäfte mit ähnlichen Waren nahe beieinander und sind mit dem Warenlager verknüpft. Die Mitte der Suqs umfassen in der Regel edlere Handwerke, zum Beispiel Goldschmieden. Auf arabischen Märkten wird gehandelt und gefeilscht. So wird im Endeffekt der Preis ermittelt.
Der Adhan, also der Gebetsruf, ist auf dem Markt kaum zu überhören, denn der Suq liegt im Regelfall direkt neben der Moschee. Freitags – in einigen Ländern auch sonntags – ist somit mancher Laden geschlossen, denn der Freitag ist der Tag, an dem die Arbeit ruhen sollte und man zur Khutba, also zur mittäglichen Freitagspredigt, in die Moschee geht.

Da es in Leipzig wieder mal regnet, beschließe ich meinen Bummel vorerst zu beenden und mache mich auf die Suche nach einem warmen Getränk. Ich sehne mich nach etwas Aromatischem und finde mich schließlich in einem kleinen Café im Zentrum des orientalischen Leipzigs, nämlich in der Eisenbahnstraße, wieder. „Einen Kaffee ja, doch mit Zucker, mit viel Zucker bitte. Und ohne Milch." Der Kardamon fehlt leider, ansonsten wäre es wirklich ein Damaszener Kaffee.

Die Wissenschaft ist sich noch nicht einig, woher denn nun der Begriff Kaffee kommt. Einige sagen, es sei eine Bezeichnung für eine äthiopische Region, wo Kaffee angebaut wurde, andere, er lehne sich an den arabischen Begriff „Qahwa" an, ein Wort, das früher für erheiternde Getränke genutzt wurde. Eines erscheint mir aber sicher: Orte, an denen Kaffee angeboten wird, sind auch Orte, wo man sich begegnen kann, sei es in einem Damaszener Kaffeehaus oder eben in der Eisenbahnstraße.

Nach längerem Spazierengehen weht mir ein aromatischer Duft von Frischgebackenem entgegen und erinnert mich an die Zeit, als ich noch selbst Bäckermädchen in einem kleinen Dorf war und allerlei Süßes unter die Menschen brachte. Vor der Eisenbahnstraße 47 bleibe ich stehen. Kurz linse ich hinein, und da sich mein Magen bereits gemeldet hat, lasse ich mich von meiner Nase verführen und finde mich in einem Laden mit allerhand türkischem Backwerk wieder: Zimit (Sesamringe), Börek (gefüllte Teigtaschen), Baklava (mit Zuckerwasser übergossener gefüllter Blätterteig), Fladenbrot in verschiedenen Größen. Der Ladenbesitzer mit seinen blitzenden Augen lächelt mir freundlich zu und berät meinen leeren Magen. Schlussendlich entscheide ich mich für einen Sesamring mit Sirup. Nicht umsonst heißt die Bäckerei Eleskirt Ekmek, „Beste Bäckerei". 2009 eröffnete die Familie Kahriman ihr Geschäft, das sie nach ihrem Heimatort im Osten der Türkei und dem türkischen Wort für Brot benannte.

Während ich mich in der Eisenbahnstraße umschaue, erfreue ich mich an einer bunten Palette von Gesichtern. Menschen aus unterschiedlichsten Kulturen kommen hier zusammen. Nach Ländern gezählt, soll man auf ungefähr 100 Nationen kommen. Die Gegend wird oft als sozialer Brennpunkt bezeichnet. Für mich bleibt er jedenfalls der interessanteste und bunteste Ort Leipzigs.

Da ich heute noch immer nicht alle Einkäufe erledigt habe, lande ich irgendwann in Mevlana Market. Unzählige Spezialitäten aus aller Welt begegnen mir, vor allem verlockende Gewürze, die mich auf einen arabischen Suq versetzen, der mich mit seinen Farben und Gerüchen verzaubert und selbst zum Händler werden lässt, ich selbst nun verkaufe Datteln, Ayran (Joghurtgetränk), Zimt und Kaffeebohnen.

Halal. Meine Augen lassen mich wieder in die Eisenbahnstraße zurückfinden, und ich erfreue mich daran, ein arabisches Wort entdeckt zu haben: Halal. Das ist ein Begriff für Dinge oder Taten, die nach dem edlen Koran erlaubt oder zugelassen sind. Im kulinarischen Umfeld wird *halal* in Bezug auf Fleisch verwendet, denn nur wenn das Tier geschächtet, eben ausgeblutet ist, und dabei ein Segensspruch gesprochen wurde, ist das Fleisch für einen Muslim erlaubt.
Ich entscheide mich für tunesische Datteln, Couscous und ein paar Pistazien, die ich mit den Zähnen gekonnt öffne. Dabei hinterlasse ich die typische Pistazienschalenspur, die ich auf so manchem arabischen Markt zu Gesicht bekommen habe.

Mittlerweile neigt sich die Sonne dem Untergang, und ich möchte meinen Abend noch schön ausklingen lassen. So folge ich dem Abendhimmel nach Plagwitz, dem derzeitigen alternativen Künstlerviertel der Stadt, und flaniere durch die Karl-Heine-Straße, die geprägt ist von kleinen Ateliers, Cafés und einer mehr oder weniger aktiven Kunst- und Musikszene. Meine Augen schweifen ziellos durch die Straße und stoßen auf „Al-Maktaba" (Bücherei). Ein arabischer Bücherladen in Leipzigs Westen? Ich wundere mich ein wenig und denke an Nagib Mahfus, Khalil Gibran und andere arabische Autoren. Dann trete ich in den kleinen Bücherladen ein.
Allerhand Dinge sind in dem kuriosen Geschäft zu finden, vorzugsweise Bücher, darüber hinaus aber auch Schreibmaschinen, Telefone, eingelegte Gurken, Schallplattenspieler und viel Krimskrams aus DDR-Zeiten.
Der Ladenbesitzer ist ein freundlicher Mann mit rotem Vollbart. Die arabischen Schriftzeichen und so manches arabische Dichtwerk lassen sich auf seine syrische Herkunft zurückführen. Er selbst spricht perfektes Sächsisch. Die arabische Literatur ist, angefangen bei den vorislamischen Liebesdichtungen eines Imrilkais bis hin zu den vielfältigsten modernen Romanen, eine

wahre Lesewonne. Mit dem Koran, der selbst ein Meisterwerk der Wortkunst ist, wurde das Arabische seit dem 7. Jh. zur Schriftsprache, und es entwickelten sich neben der Dichtung auch andere Literaturgattungen, die man in der „Maktaba" von Leipzig-Plagwitz ebenfalls durchstöbern kann.

Just gegenüber entdecke ich ein arabisches Café mit dem Namen „Casablanca". Dem Café schließt sich ein kleiner Lebensmittelladen an, in dem Fleisch, Milch und Käse, Couscous, Datteln und dergleichen verkauft werden. Beide gehören der Familie Miladi, nach deren Herkunftsort auch das Café benannt ist. Da kann ich also nicht „Nein" sagen und setze mich hinein. Ich lasse mir einen Tee von einem der studentischen Hilfskräfte geben, die oftmals hier neben ihrem Studium jobben.

Minztee, in manchen arabischen Ländern Schai Nanaa genannt, wird ursprünglich in Marokko um die Stadt Fes getrunken, er ist stark gesüßt und ein kleiner Energiebringer.

Doch nicht nur Tee wird hier angeboten, auch verschiedene Speisen aus dem marokkanischen Tadjine. Damit bezeichnet man ein aus Lehm hergestelltes Schmorgefäß und gleichermaßen das Gericht, das in dem eigenartig geformten Keramiktopf zubereitet wird. Solche an Zipfelmützen erinnernde Schmorgefäße kann man sogar in Leipzig in exklusiven Haushaltgeschäften kaufen.

Im „Casablanca" gibt es nicht nur Gerichte aus dem Tadjine. Zum Beispiel kann man sich Couscous mit Gemüse, leckeren Mangojoghurt und diverse Baklava schmecken lassen.

Ich genieße meinen warmen Tee und schaue hinaus auf die Plagwitzer Meile. Die Straße ist still und glänzt ein wenig, denn sie ist vom Regen ganz feucht. Ich lausche, ob die vorbeigehenden Passanten einen mir bekannten arabischen Dialekt sprechen, doch meistens bleibt es beim Deutschen. Dennoch Leipzig ist nicht nur Bach, Wagner und Merkel, sondern auch ein wenig Casablanca, ein wenig Mahmud Darwisch, ein wenig Eleskirt, Türkei, und gerade solch eine Mischung macht diesen Ort so lebenswert. In derartige Betrachtungen versunken, trete ich zufrieden meinen Heimweg an.

Tarek El-Sourani

Harmonisches Miteinander in einer Moschee in Leipzigs Osten

„So lockt mich die Moschee;
Ich kleid' in maurische Schnörkel
Mein abendländisches Weh."
Gottfried Keller, Wanderlied

Richtung Osten

Es ist an einem recht diesigen und regnerischen Freitagvormittag, als ich auf mein Fahrrad steige und losradele in Richtung Leipzigs Osten, genauer gesagt zur Neustadt, um dort eine der vier hiesigen Moscheegemeinden zu besuchen. Mein Weg ist kurz, denn das teilsanierte Viertel befindet sich in Bahnhofsnähe und hat einen gut ausgebauten Anschluss zum historischen Innenstadtkern.

Angekommen, schweift mein Blick ziellos durch die vom Verkehr überfüllten Straßen. Neben den nur wenigen Wohnhäusern, die man liebevoll saniert und bunt gestaltet hat, reihen sich viele farblose Neubauten, leer stehende Büroflächen und vernachlässigte Baulücken. Eingeschlagene Fensterscheiben und schmierige Graffiti sind meine trüben Begleiter. Doch trotz der negativen Entwicklungen der letzten Jahre versichert die Stadt diesem Zustand entgegenzusteuern und fördert die Anlegung von Grünflächen, unterstützt kulturelle Projekte und lokale Märkte, errichtet Spielplätze und Begegnungszentren. Kurz: die Infrastruktur, um Orte mit Leben zu füllen.

Gleichwohl erschließt sich mir das gesamte Bild dieses Stadtteils erst entlang seiner Hauptader, der Eisenbahnstraße: Es ist bunt und vielfältig. In den Häusern rund um die Eisenbahnstraße leben Menschen aus den verschiedensten Kulturen in unterschiedlichsten Lebenssituationen. Infolge der gleichbleibend günstigen Mieten bezogen vor allem Migranten und junge Familien mit geringerem Einkommen den Ortsteil. Zunehmend wächst aber auch die Zahl der Studenten, die neben den niedrigen Kosten auch die besonderen Spezialitätengeschäfte mit internationalem Warenangebot schätzen: So findet man auf der Eisenbahnstraße zum Beispiel einen Korea-Markt, ein russisches Süßwarengeschäft oder einen türkischen Bäcker.

Während ich noch dem Gedanken an einen frischen Falafel nachhänge, richtet sich mein Blick schon auf die gegenüberliegende Straßenseite, wo sich die Takva-Moschee befindet.

At-Taqwá – Die Ehrfurcht vor Gott
Mittlerweile hat sich das Wetter aufgeheitert und die Sonne blinzelt hervor. Vor mir breitet sich eine Reihe verlassen wirkender Betriebsgelände aus. Gewerbegebiet.
In der Rosa-Luxemburg-Straße 45 a zeigt sich die Moschee von außen nicht als solche erkennbar. Kein Minarett ragt in den Himmel, und auch keine verzierte Kuppel ist anzutreffen. Dafür aber eine Gruppe türkisch und kurdisch aussehender Männer, die mich herzlich mit dem islamischen Friedensgruß „As-Salamu alaikum" (Friede sei mit dir) empfangen.
Zusammen mit einem älteren Mann gehe ich entlang der in freundlichem Beige angemalten Mauer hinüber zum blauen Gittertor, das uns Zugang zum Innenhof gewährt.

Auf dem kleinen Platz ist eine Menge Gewimmel. Mehrere Männer unterhalten sich wild durcheinander. Hier wird sich ein Handschlag gegeben, dort wird gelacht. Ein Fußball fliegt durch den Hof. Gleich gegenüber werden Kinderstimmen laut, die unter einem Volleyballnetz in einem großen Sandkasten sitzen und sich um Schaufel und Bagger zanken. Ab und an flitzt eine Frau hindurch. Neben dem Sandkasten ist eine bescheidene, mit Blumen verzierte Grünfläche, auf der ein hölzerner Pavillon errichtet ist. Eingehüllt in schwarze Jacken sitzen dort zwei ältere Herren in vertraulichem Gespräch, schlürfen Tee und rauchen. Nach und nach trudeln immer mehr Muslime ein.

Plötzlich erschallt der Gebetsruf aus der Moschee. Kurzerhand werden die Gespräche auf später verschoben, die Zigaretten ausgedrückt und die Kinder auf den Arm genommen. Innerhalb weniger Sekunden ist der Hof vollständig leer und jeder hat sich in die Moschee begeben, denn der Adhan markiert den Beginn des Freitagsgebets.

Im Gebetsraum sitzen alle bequem auf dem großen roten Teppich und lauschen aufmerksam der beginnenden Khutba (Predigt) des Imams, die dem Freitagsgebet vorausgeht. Auch ich habe meine Schuhe ausgezogen und sitze inmitten der Gläubigen.

Der mit einer schwarzen Robe und einem weißen Turban bekleidete ältere Mann leitet seine Rede mit der Lobpreisung Gottes und seines Propheten Mohammed ein. Danach geht er über zu seinem Hauptthema: die liebevolle Beziehung zu den Menschen. Das Fundament für alles Gute, so sagt er, seien die Liebe und der Respekt zum Nächsten. Diese unermesslichen Werte stellten die Grundlage für funktionierende soziale Verhältnisse dar.

Gleichzeitig zögen sie Verantwortungsgefühl und Pflichten nach sich. Menschen Gutes zu wünschen und die Liebe zum Menschen hochzuhalten – gleich welcher Religion oder Herkunft – sei die Aufgabe des Muslims. Sofern verwirklicht, entstünden in der Gesellschaft Solidarität, Verständnis und Zusammenhalt.

Am Ende der Ansprache angelangt, wird der Koran melodiös rezitiert und ein zweiter Gebetsruf ertönt. Die Gläubigen erheben sich, stellen sich aufrecht in eine Reihe und das Gebet beginnt.

Tee in der Moschee – oder der multifunktionale Aspekt

Nach dem Gebet sitzen viele noch bequem auf dem Teppich, manche sind weiterhin andächtig versunken, andere unterhalten sich leise. Ich habe Zeit, mir Gedanken zu machen und den Ort ein wenig näher zu erkunden.

Das innere Erscheinungsbild des Gebetsraumes ist durch die zwei verbindlichen Einrichtungselemente einer jeden Moschee geprägt, zum einen den hier grün bemalten und weiß umrahmten Mihrab (Gebetsnische), der nach Mekka ausgerichtet ist und den Gläubigen zeigt, wohin sie sich beim Gebet wenden müssen.

Zum anderen gleich rechts daneben den hölzernen Minbar (Treppenkanzel), auf dem der Imam zum Freitagsgebet wie eben heute oder an besonderen Festtagen seine Predigt hält.

Moschee – das ist im Übrigen etymologisch über das französische Wort mosque zurückzuführen auf das andalusische Wort Mesquita, das seinerseits eine Abwandlung des arabischen Wortes

Die Außenansicht der Takva-Moschee mit einem kleinen Geschäft rechts.

Masdjid ist und so viel wie „Ort der Niederwerfung" bedeutet. Demnach ist die wesentliche Funktion einer Moschee religiös, das heißt: ein Ort des Gebetes, der Ruhe und der Meditation. Trotzdem ist sie kein geweihter Raum, sondern wird bestenfalls durch die in ihr gegenwärtig Betenden sakral.

Darüber hinaus ist die Moschee als Ort der regelmäßigen Versammlung Träger für die Entwicklung und Erhaltung der Gemeinschaft. Aus diesen beiden wichtigen Funktionen entwickelte sie sich schon seit ihrer Entstehung im 7. Jh. zur komplexen sozialen Institution.

In der Regel war sie schon immer ein Mehrzweckgebäude und besaß eine Vielzahl von Einrichtungen, die dem Gemeinwohl dienten. Das waren unter anderem: Armenküchen, ambulante

Behandlungszimmer, Unterkünfte für Reisende, Bäder, Lebensmittelgeschäfte, Bereiche für die Freizeitgestaltung von Kindern, private Zimmer für Frauen, Bibliotheken mit Leseräumen, Orte für Hochzeiten und Feierlichkeiten, Besprechungsräume und Ähnliches. Dies wird mir auch im kleinen Rahmen in der Takva-Moschee deutlich, als ich freundlich zu Tee und Gebäck im Freizeitbereich eingeladen werde.

In dem großen langgestreckten Raum ist im hinteren Teil eine Küche eingerichtet, daneben stehen mehrere Tische und Stühle. Im vorderen Teil gibt es zwei Tischtennisplatten und einen Billardtisch. Seitwärts zur Wand hin hängt ein Plasma-Fernseher, in dem türkische Nachrichten laufen. An der gegenüberliegenden Wand stehen Regale, die mit Büchern gefüllt sind.

Mir wird berichtet, dass es hier sowohl religiöse als auch nicht-religiöse Angebote gäbe. Sie reichen von deutschen und arabischen Sprachkursen über Kinderbetreuung und Hausaufgabenhilfe bis hin zum interreligiösen Dialog, dem Fußballverein und verschiedenen Orientierungshilfen in der deutschen Gesellschaft.
Nachdem ich den süßen Minztee ausgetrunken habe, führt mich ein zierlicher Junge noch zu dem kleinen Lebensmittelgeschäft gleich neben dem Haupteingang der Moschee. Wie sich später herausstellt, ist er der Sohn des Ladenbesitzers und ziemlich glücklich über die Arbeit seines Vaters. Nicht von ungefähr, denn dort gibt es neben mancher süßen Leckerei auch klassische „orientalische" Lebensmittel wie Fladenbrot, Halal-Fleisch, Kaffee aus der Türkei, Datteln aus Marokko, libanesischen Humus oder tunesischen Couscous.
Zufrieden kaufe ich mir eine Packung eingefrorene Falafel, bedanke mich herzlichst bei allen Anwesenden und verabschiede mich. Inzwischen sind auch die regnerischen Wolken von dannen gezogen.

Juliane Stöhr

Friedensgebete für Irak und Palästina in der Nikolaikirche

Der Weg der Gewaltlosigkeit

„Die Lösung von Konflikten durch Krieg ist nie eine Lösung", sagt Christian Führer und schüttelt leicht den Kopf, „denn was sind die Siege von heute anderes als die Niederlagen von morgen?" Dieses Scheitern sehe man am Beispiel des Irak ganz deutlich. Der ehemalige Präsident der USA, George W. Bush, rechtfertigte den Irakkrieg mit der Idee, Frieden und Demokratie in das arabische Land zu bringen. Diese Darstellung sei kindisch und verbrecherisch zugleich gewesen. Für Pfarrer Führer gibt es nur eine einzige Alternative: den Weg der Gewaltlosigkeit.

Christian Führer wurde am 5. März 1943 in Leipzig geboren und wuchs mit seinen beiden Schwestern im Pfarrhaus von Langenleuba auf. Nach dem Studium der Theologie an der Universität Leipzig folgte 1968 die Ordination als Pfarrer in Lastau. 1980 schließlich wurde er zum Pfarrer an der Leipziger Nikolaikirche berufen, der er 28 Jahre lang erhalten bleiben sollte.

Als einer der Hauptinitiatoren der Montagsdemonstrationen in Leipzig, die zur Wende führten, ist er deutschlandweit bekannt geworden, doch Christian Führer sieht sich selbst nicht als Kopf der friedlichen Revolution von 1989, sondern eher als Begleiter und Betreuer, wie es auch so viele andere Menschen waren. Bis heute betrachtet er die Ereignisse von damals als nicht alltäglich, sondern als ein großes Wunder.
„1989 war eine völlige Überraschung, denn die Leute haben jahrzehntelang in Diktaturen mit atheistischer Weltanschauung gelebt. Zuerst unter Hitler mit menschenverachtendem Herrenrassedünkel, wo an die Stelle Gottes die ‚Vorsehung' getreten sei, wie Hitler sagte, danach über 40 Jahre realsozialistische Diktatur, in der es hieß, Jesus hat es nie gegeben, das sind Legenden. Das Christentum wurde als gefährliche Ideologie abgetan.

Menschen die jahrzehntelang so geprägt wurden, haben dann die Botschaft der Gewaltlosigkeit durch die Bergpredigt gehört und mit auf die Straße genommen. In der Kirche ist Gewaltlosigkeit ja normal, aber draußen auf der Straße, wo die Polizisten standen und die Autos zum Abtransport der Demonstranten, da ist Gewaltlosigkeit keine selbstverständliche Sache mehr.

Pfarrer Christian Führer

Dass die Menschen diese Alternative erkannt und ergriffen haben, ist wunderbar. Alles andere hätte geendet wie jede Revolution – im Blut. Aus welchen Gründen die vielen Menschen sich daran gehalten haben, kann keiner sagen."

Friedensgebete haben an der Nikolaikirche in Leipzig eine lange Tradition. Sie entstanden mit der sogenannten Friedensdekade unter dem Themendach „Gerechtigkeit, Frieden, Bewahrung der Schöpfung", die 1981 auch an der Nikolaikirche eingeführt wurde, und entwickelten sich ab September 1982 zu wöchentlichen Friedensgebeten, die immer montags stattfanden. Diese Friedensgebete waren es, die maßgeblich zur friedliche Revolution von 1989 beitrugen und schließlich das damals scheinbar Unmögliche, die deutsche Wiedervereinigung, möglich machten.

„Der beste Gegenentwurf zur Gewalt, die seit Kain und Abel die Menschheitsgeschichte durchzieht, findet sich in der Bergpredigt", sagt Führer. Dieser biblische Text spielte nicht nur in den Gottesdiensten, sondern auch bei den zahllosen Friedensgebeten, Mahnwachen und Demonstrationen eine Rolle. Den Kern der Bergpredigt bilden dabei die Ideen von Gewaltlosigkeit, Gerechtigkeit und Barmherzigkeit. In dem zentralen Text christlichen Denkens und Handelns heißt es:
„Selig sind die Sanftmütigen, denn sie werden das Erdreich besitzen.
Selig sind die, die da hungert und dürstet nach der Gerechtigkeit, denn sie sollen satt werden.
Selig sind die Barmherzigen, denn sie werden Barmherzigkeit erlangen.
Selig sind die Friedfertigen, denn sie werden Gottes Kinder heißen."

Dabei hat Gewaltlosigkeit für Christian Führer nichts mit Kuschen oder Schweigen zu tun: „Es geht um ganz klare Ansagen, aber ebenso um die klare Ablehnung von Gewalt gegenüber Menschen und Sachen, und damit haben wir immer gute Erfahrungen gemacht."

Den Versuch, die Bergpredigt in die Politik zu übertragen, hat zum ersten Mal ausgerechnet ein Nichtchrist gewagt, Mahatma Gandhi. Und er hatte Erfolg, genauso wie die großen Namen, die ihm auf diesem Weg folgten: Martin Luther King, Nelson Mandela, Bischof Tutu und schließlich auch die Menschen, die die deutsche Wiedervereinigung auf der Straße möglich gemacht haben. „Wir waren die Unbedarftesten von all diesen großen Menschen, die so vieles ausgehalten, aber auch so vieles erreicht haben."

Friedlicher Protest gegen die Kriege im Irak
Bereits 1991 gab es wieder Friedensgebete – damals im Zusammenhang mit dem Golfkrieg. „Die Leute sind immer zur Nikolaikirche gekommen, wenn es um solche Dinge ging, denn sie wussten ja durch die friedliche Revolution von 1989, dass sie

Nikolaikirche in Leipzig

hier einen Ausgangspunkt haben und dass bei uns auch tatsächlich etwas getan wird." So begannen im Januar 1991 Mahnwachen bei einer „Hundekälte", wie Christian Führer sagt. Die Nikolaikirche öffnete nun einen Raum zum Aufwärmen, auch nachts. Diese Tradition der Mahnwachen setzte sich dann auch bei den Balkankriegen fort.

Christian Führer erinnert sich auch noch gut, wie alles angefangen hat, als dann der Irakkrieg von 2003 bevorstand.
„Das war eine eigenartige Geschichte, man sah ja, dass hier ein Krieg mit allen Mitteln durchgesetzt werden sollte. Und so kam am Heiligen Abend 2002 vor der Christvesper eine Studentin zu mir und sagte ‚Der Bush plant einen Krieg, da muss man etwas machen.'" Pfarrer Führer war zunächst skeptisch und meinte, dass man jetzt zu Weihnachten bestimmt niemanden „vor die Hütte" bekomme. Doch der Ernst und die Entschiedenheit der Studentin ließen ihn seine Skepsis zur Seite schieben. „Und so fingen wir am 1. Weihnachtsfeiertag mit einer Mahnwache mit 18 Leuten an." Und jeden Tag kamen mehr Menschen dazu, so dass es Anfang Januar schon um die 200 waren. Christian Führer lächelt: „Da sagten die Leipziger, wie sie es gewohnt waren: ‚Jetzt können wir langsam eine Demo machen!'" Und das taten sie, noch dazu in einem Ausmaß, wie es Leipzig nach 1989 noch nicht wieder gesehen hatte. Im März 2003 demonstrierten schließlich über 40.000 Kriegsgegner und Kriegsgegnerinnen auf den Straßen. Dabei hatte sich schnell ein Ritual eingespielt: zuerst das Friedensgebet in der Nikolaikirche, dann die Demonstration durch die Leipziger Innenstadt.
In der Nikolaikirche wurde zum damaligen Zeitpunkt renoviert, darum versperrten Gerüste den Zugang zu vielen freien Plätzen, woran die Menschen sich allerdings nicht störten. Einen Platz fanden wegen der Menschenmassen ohnehin nur diejenigen, die rechtzeitig kamen. Doch trotz der Enge und all der Menschen, die auf dem Boden saßen oder draußen stehen mussten, gab es keine Panik oder andere Zwischenfälle, die Leute benahmen sich rücksichtsvoll und solidarisch. Von Kleinkindern bis Rentnern waren alle Altersstufen vertreten. Auch Menschen, die nicht gläubig waren oder zumindest keine Gottesdienste besuchten,

waren zahlreich vertreten, was man nicht zuletzt daran merkte, dass nach der Predigt geklatscht wurde, was im christlichen Gottesdienst hierzulande sehr ungewöhnlich ist.

Obwohl es nie genug Zeit für die Vorbereitungen gab, kamen immer Menschen, die Musikbeiträge und kurze Reden bei den anschließenden Kundgebungen präsentieren wollten. Pfarrer Führer erinnert sich: „So, dachte ich, funktioniert Demokratie, nicht von oben herab geplant und vorgegeben, was ihr dürft oder nicht dürft, sondern aus der Bevölkerung heraus, quasi von unten organisiert."

Zwei Dinge sind es, die er dabei als besonderen Segen empfindet: „Die Nikolaikirche hat das Potential, so viele unterschiedliche Menschen vereinen zu können. Wenn die eine oder die andere Partei eine Veranstaltung dieser Art macht, dann kommen auch nur die Leute, die sich dort jeweils zugehörig fühlen. Wenn wir etwas tun, kommen die Menschen aus den verschiedensten Richtungen. Da sind dann natürlich auch die Medien beeindruckt, was wiederum hilft unsere Botschaft zu verbreiten." Zum Zweiten ist Christian Führer sehr froh darüber, dass die vielen Aktionen seit 1989 stets friedlich abgelaufen sind. Das ist, so glaubt er, auch der Grund, warum die Menschen jedes Mal zusammenkamen. Die Gewaltlosigkeit von Jesus und die Macht der Ohnmächtigen sind seine starken Grundsätze. „Wir lehnen jegliche Gewalt ab, sei es Gewalt des Herzens, der Zunge oder der Faust."

„Dass alles immer friedlich zugegangen ist, ist ein großer Segen. Denn wir können ja nichts kontrollieren, nicht, was auf den Plakaten steht, und auch nicht, wie die Menschen sich verhalten, nichts ist da steuerbar. Es hätte jederzeit Gewalt entstehen können. Wenn es manchmal Anzeichen davon gab, habe ich gesagt: Geht mal zu den Leuten und diskutiert mit ihnen. So haben wir immer versucht, solche Dinge innerhalb der Demonstrationen friedlich zu klären und zu lösen."
Christian Führer schmunzelt. Ein konkretes Beispiel fällt ihm dazu ein: „Einmal lief jemand neben mir, der rief laut: ‚Bush auf den elektrischen Stuhl!'. Da habe ich ihn angesehen und gesagt:

‚Das passt jetzt aber nicht hierher, wir sind hier für Frieden und Gewaltlosigkeit', worauf er meinte: ‚Ja, da haben Sie auch wieder Recht.' Sie sehen also, dass immer auch eine gute Portion Humor dabei war, was eben gerade das Gegenteil ist von dieser Verbitterung, der Härte und der Aggression. Das ist ein wunderbarer Vorgang."

Trotz der Friedensgebete und der Demonstrationen Zehntausender Menschen allein in Leipzig, aber auch in allen Ecken und Enden der Welt kam es 2003 dennoch zum Krieg im Irak. Christian Führer konzentriert sich jedoch nicht auf die negativen Seiten. „Das Allerwichtigste ist der Prozess dabei gewesen. So viele Menschen haben während der Friedensgebete und Mahnwachen ihren Willen bekundet, Gewalt und Krieg zu verhindern. Krieg kann nie die Lösung für Probleme sein. Es ist wunderbar zu sehen, dass die Leute nicht sagen, das sind nur ein paar Spinner und was dieser Jesus sagt, ist völlig illusionär und unrealistisch, sondern die Menschen haben sich darauf eingelassen. Keiner hat im Nachhinein gesagt, dass er nicht mitgegangen wäre, wenn er gewusst hätte, dass Bush diesen Krieg doch beginnt. Immerhin ist das eingetreten, was wir die ganze Zeit gesagt haben: Was nicht ist, kannst du auch nicht finden. Dass es Massenvernichtungswaffen gäbe, war gelogen." Das habe die Menschen nachdenklich gemacht. Dank derartiger Erfahrungen ließen sie sich zumindest nicht mehr so leicht manipulieren. „Unser Weg ist der richtige, auch wenn er in diesem Fall leider nicht zum Erfolg führte. Dass es damals bei uns 1989 geklappt hat, ist ja ein einmaliger Vorgang in der deutschen Geschichte, das kann man leider nicht jeden Tag erleben."

Für Christian Führer überwiegt nicht die Enttäuschung, sondern eindeutig die Freude darüber, dass weiterhin so viele Menschen auf den Weg der Gewaltlosigkeit setzen und dass sie damit zum Ausdruck bringen, dass Krieg keine Lösung ist, sondern es politische Wege geben kann und muss, wenn es um die Nachhaltigkeit von Entwicklungen geht. „Im kirchlichen Glaubenssytem des Mittelalters gab es die Lehre der ‚gerechten Kriege', eine Kriegsbegrenzungstheorie sozusagen, allerdings ist dies längst veraltet. Es gibt überhaupt keinen Krieg, der gerechtfertigt wäre. Deswegen treten wir ein für den ‚gerechten Frieden', denn Frieden ohne Gerechtigkeit hat keinen Bestand. Unser Motto ist ‚Gerechter Frieden statt gerechter Krieg'."

Konfessionsübergreifende Kirche
Auch das Motto „Nikolaikirche – Offen für alle" hat Christian Führer erfunden. „Es hat bei uns, Gott sei Dank, nie eine Rolle gespielt, ob jemand christlich, muslimisch, jüdisch, atheistisch oder in welcher Form auch immer gläubig ist. 1989 und in den Jahren davor sind zu den Friedensgebeten immer auch Nichtchristen gekommen. Die Schwelle der Nikolaikirche war sehr leicht zu überqueren, da konnte jeder hineinkommen. Das hat sich dann in den späteren Jahren und besonders während der Friedensgebete fortgesetzt."
Dieses Motto ist im Laufe der Jahre gewissermaßen zum Markenzeichen der Nikolaikirche geworden. Diese Offenheit ist sehr wichtig denn erst so werden friedliche Aktionen in einem großen Ausmaß möglich. „Das ist die Offenheit, die uns von Jesus her geboten ist. Sie ist eine große Chance, nicht weil wir jemanden überzeugen oder missionieren wollen, sondern weil wir das, was wir tun, aus vollster Überzeugung tun." Der Begriff der Ökumene bedeutet frei übersetzt so viel wie „im Haus bleiben" oder „zusammenbleiben". Für Pfarrer Führer erstreckt sich dieser Begriff jedoch nicht nur auf die verschiedenen christlichen Konfessionen: „Die christliche Ökumene müsste schon lange passiert sein. Wir brauchen aber auch die Ökumene mit den anderen Religionen und letzten Endes auch die Ökumene mit den Atheisten. Wir wollen niemanden ausschließen, sondern wollen das tun, was wir tun, weil wir es für richtig halten und weil es eine wirkliche Alternative ist, frei von dem Machtstreben, das immer wieder zu Gewalt führt. Jeder, der sich diesem Gedanken anschließt, ist wichtig." Und so hat Christian Führer einen Grundsatz gefunden, hinter dem er entschlossen steht: „Ich sage immer: Drinnen und Draußen gehören zusammen, Beten und Handeln, Altar und Straße gehören zusammen."

Mahnwachen für im Irak entführte Leipziger Ingenieure

Die Proteste gegen die Kriege im Irak und auf dem Balkan waren bei weitem nicht alle Aktionen, denen die Nikolaikirche im Laufe der Jahre einen Rahmen gegeben hat. Als im Januar 2006 zwei deutsche Ingenieure aus Leipzig im Irak entführt wurden, gab es abermals viele Mahnwachen. Deren Angehörige und die in Bennewitz ansässige Firma Cryotec, in deren Auftrag die beiden Leipziger im Irak arbeiteten, wandten sich an Pfarrer Führer mit der Bitte, etwas zu unternehmen. Dieser schlug vor, die Entführung ab sofort in den montäglichen Friedensgebeten zu thematisieren. Das allerdings erschien als zu wenig, und so fanden zusätzlich donnerstags nach dem Abendläuten Mahnwachen statt. „Zahlenmäßig war die Resonanz nicht so groß wie bei den Demonstrationen gegen den Irakkrieg, aber dennoch eigentlich fast beeindruckender", sagt Christian Führer. „Ich muss schon sagen: Es ist verrückt, wie so etwas läuft. Es war schlechtes Wetter und nichts zu gewinnen, und trotzdem entdeckten die Leute wieder, was sie schon fast vergessen hatten, nämlich dass es im Leben nicht nur ums Geld geht oder darum sich durchzusetzen oder seinen eigenen Vorteil zu finden oder sich nur dort zu engagieren, wo man selbst etwas davon hat, denn hier hatte man persönlich gar nichts davon, hier hatten bestenfalls andere Menschen etwas davon."

Bei der Organisation der Mahnwachen spielten auch arabische Studenten aus Leipzig eine große Rolle. Aiman Mubarak, Sprecher der ausländischen Studierenden in Deutschland, sowie weitere arabische Studenten nahmen an den Mahnwachen teil und brachten eigene Plakate in arabischer Schrift mit. Schnell hatte sich auch hier ein Ritual eingespielt. Nach dem Abendläuten gab es einen Moment der Stille, in dem jeder beten oder nachdenken konnte. Auch die Medienvertreter, die auf diesen Mahnwachen stets präsent waren, hielten sich strikt an diese Vorgabe. Wenn es eine neue Entwicklung zu vermelden gab, wurde dies verkündet. Leider war das selten der Fall, weil man einfach fast nichts in Erfahrung bringen konnte. „Zum Schluss", erinnert sich Christian Führer, „habe ich dann immer aus dem

Psalm 126 zitiert, in dem es heißt: ‚Herr, bringe zurück unsere Gefangenen, wie Du die Bäche wiederbringst aus dem Südland. Die mit Tränen säen, werden mit Freude ernten.' Dieser Vers wurde ja im Gebiet des Zweistromlandes geschrieben, also genau dort, wo die beiden sich als Geiseln befanden. So atmete dieses jahrtausendealte Wort der Bibel, als ob es direkt für uns gesagt worden sei."

Damals kamen auch die Kinder und Nachwuchsspieler des FC Sachsen mit ihrem gewonnenen Fußballpokal und gaben ihn in der Nikolaikirche symbolisch ab, so lange bis die beiden Leipziger wieder frei sein würden. Christian Führer zeigt sich gerührt: „Unsere Kirche gibt es schon seit 1165, aber einen Fußballpokal hatten wir zuvor noch nie hier stehen." Nach einiger Zeit wandte sich Christian Führer an Aiman Mubarak mit der Idee, das Büro des arabischen Fernsehsenders Al-Jazeera in Berlin zu kontaktieren. Es wäre sehr wichtig, wenn sie darüber berichten könnten, was hier jeden Donnerstag passiere. Al-Jazeera kam tatsächlich an einem Donnerstag, an dem circa eintausend Menschen eine Mahnwache für die zwei entführten Leipziger hielten. Die arabischen Journalisten filmten und führten Interviews. Am darauffolgenden Freitag, dem Feiertag der Muslime, wurde der Beitrag von Al-Jazeera alle drei Stunden ausgestrahlt. Die arabischen Studenten bekamen Rückmeldungen aus ihren Heimatländern, denn dieser Beitrag hatte große Resonanz gefunden. „Die Araber und gerade die Iraker identifizierten den Westen mit Bush und seiner Armee und die westlichen Christen mit Gewalt und Übermacht. Der wichtigste Effekt dieses Beitrages war es, dass man nun Bilder von Hunderten schweigender Menschen sah, einen christlichen Pfarrer mit muslimischen Studenten Seite an Seite, nachdenkend, betend in Stille. Wir waren nicht verhüllt, wir zeigten Gesicht, wir hatten keine Kalaschnikows, wir hatten Kerzen in der Hand. Das war ein völlig neues Bild und hat großen Eindruck gemacht, wie wir nach der Befreiung erfahren haben." Die meisten Journalisten waren über die unerschütterliche Zuversicht von Pfarrer Führer etwas verwundert und fragten ihn, was passiere, wenn die beiden Geiseln doch ermordet werden würden, ob er denn auch für diesen Fall schon ein paar Worte zurechtgelegt habe. Darauf bekamen die Journalisten aber lediglich die Antwort: „Wir beten ja nicht gegen die Wand oder in die Luft, sondern wir beten zum lebendigen Gott. Sie können sich schon einmal auf den Dankgottesdienst einstellen." Pfarrer Führer ist im Nachhinein nicht nur allen dankbar, die sich an den Mahnwachen beteiligt haben, sondern auch den Medien, die alles immer sehr gut begleitet hätten. Sogar der damalige Außenminister Frank Walter Steinmeier habe ihn angerufen.

Teilnehmen konnte dieser allerdings nicht. „Steinmeier sagte, wenn er käme, dann sähe das im Irak so aus, als ob alles eine von der Regierung gesteuerte Aktion sei. Da meinte ich, dass so etwas das Letzte sei, was wir wollten. Er solle dann lieber zum Dankgottesdienst kommen, wenn die beiden wieder frei seien." Am 2. Mai 2006 war es dann tatsächlich so weit: René Bräunlich und Thomas Nitzschke kamen nach 99 Tagen Geißelhaft endlich wieder frei.

In Deutschland und gerade in Leipzig herrschten Erleichterung und Freude. Viele Menschen erschienen spontan auf dem Nikolaikirchhof. Christian Führer wählte den darauffolgenden Montag für den Dankgottesdienst, an dem er nie gezweifelt hatte. „Das war eine Riesenfreude. Die Verwandten der beiden kamen, eine große Schar von Menschen und auch die Muslime kamen mit in die Kirche, was ja sonst nicht die Regel ist. Also alles eine wunderbare Sache. Die F-Jugend kam mit Trainer und Trikot eingelaufen, um ihren Pokal wiederzuholen. Alle waren begeistert. Die Menschen sprachen lauter persönliche Dinge aus. So sagten uns die jungen Fußballer, dass ihnen jetzt ihr Pokal viel mehr wert sei."

Das Schönste daran ist für Christian Führer, dass die Menschen immer aus freien Stücken kamen. Und dass es so viele waren. „Die Betriebsangehörigen erschienen jeden Montag und Donnerstag, meistens auch noch der Chef. Das hat mich unheimlich beeindruckt. Wie sich alle zusammengefunden haben! Und dass keiner lockergelassen hat bis zum Ende. Diese Befreiung war eine wunderbare Aktion. Das Gefühl, nicht nur in einer hemmungslosen Konsumgesellschaft zu leben, sondern die Solidarisierung der Menschen miterleben zu können, das ist großartig."

Friedliche Revolution für alle

Die Verbindung zu den arabischen Studenten ist seit den Mahnwachen nicht abgebrochen. Als vor etwa zwei Jahren die ägyptische Revolution begann, wandten sich die arabischen Studenten erneut an Christian Führer und fragten, ob sie den einstigen Slogan der deutschen friedlichen Revolution „Wir sind das Volk!" Verwenden könnten. Mit Hilfe von Professor Eckehard Schulz vom Orientalischen Institut der Leipziger Universität wurde eine Solidaritätserklärung auf Arabisch erarbeitet, die auf dem Tahrir- Platz in Kairo verlesen werden sollte. „Wir haben hier die Revolution in Ägypten genau verfolgt, auch als alles in Gewalt umschlug. Nach wie vor unterhalten wir Kontakte zu den Ägyptern durch unsere Stiftung ‚Friedliche Revolution'. Wir versuchen den Menschen hilfreich zur Seite zu stehen, indem wir Leute aus Ägypten für eine Woche nach Leipzig einladen wollen. Wir überlegen auch, in welcher Weise wir selbst tätig werden können, was wir von unserer eigenen friedlichen Revolution weitergeben können. Die Verbindungen in die arabische Welt sind uns immer geblieben, denn wir wissen, wie wertvoll es ist, wenn eine Diktatur überwunden wird. Vor allem wissen wir aber auch, dass sie nur mit friedlichen Mitteln überwunden werden kann. Leider läuft in Ägypten im Moment alles so gewaltvoll ab, das schmerzt uns sehr." Leider werde auch der Islam als Ganzes hierzulande fast immer nur im Zerrbild der Taliban und Selbstmordattentäter dargestellt. Stattdessen solle man lieber auf das Verbindende schauen. „Die vielen Dinge am Islam, die friedlich sind, die man unterstützen kann, das muss man betonen, und nicht die Gegensätze", meint Christian Führer. „Es gibt so viele gebildete Muslime in Deutschland, mit denen können Sie über alles reden." Doch leider sei der Weg zur Verständigung manchmal lang und schwierig, und auch in Leipzig gäbe es hier und da Probleme. Wichtig sei, nicht alle Muslime in einen Topf zu werfen und vor allem Offenheit zu bewahren. „Und hier kann ich nur sagen: Bildung, Bildung, Bildung, das ist das Einzige, wo wir weiterkommen. Gerade die gebildeten Muslime erkennen das ganz deutlich."

Der Traum von der Lösung des Nahostkonflikts

Die Nikolaikirche veranstaltete auch Friedensgebete und Mahnwachen im Zusammenhang mit dem Krieg in Gaza. Der Nahostkonflikt kann ohne Übertreibung als einer der komplexesten Konflikte überhaupt angesehen werden. Gerade hier wird die Unterstützung des Friedens schnell zu einer Gratwanderung im Spannungsfeld von deutscher und israelischer Geschichte und dem Verhältnis zwischen Christentum, Judentum und Islam.

„Wir unterstützen die Dinge, die zum Frieden zwischen Israelis und Palästinensern beitragen", sagt Christian Führer. „Beispielsweise Offiziere, die sich Vergeltungsschlägen verweigern. Oder Friedensaktionen in den palästinensischen Gebieten und in Israel, wie die ‚Frauen in Schwarz', die in Jerusalem Mahnwachen abhalten. Wir nennen heimtückische Dinge beim Namen, wenn die Hamas zum Beispiel Raketen von bewohnten Vierteln aus auf Israel schießt und so mit Absicht zivile Opfer in Kauf nimmt, weil die israelische Luftwaffe im Gegenzug dann diese Gebiete bombardiert. Aber auch die täglichen Schikanen, die wiederum die Palästinenser erdulden müssen, sprechen wir an." Das Heilige Land sei vor allem ein umkämpftes Land, nicht zuletzt weil in Jerusalem die drei großen monotheistischen Religionen ein gemeinsames Zentrum haben. Eigentlich wäre dies umso mehr ein Grund zur Einigkeit. Christian Führer hat eine Vision, die ihn schon seit Jahren begleitet: „Eigentlich müssten ein Rabbi mit einer Thora, ein christlicher Geistlicher mit der Bibel und ein muslimischer Geistlicher mit dem Koran immerzu die Grenze zwischen Israel und den palästinensischen Gebieten überqueren, um zu zeigen: Seht her, wir machen die Grenze durchlässig. Wenn es keinen wirklichen Friedensprozess gibt, geht es immer weiter, bis zum Ausbluten beider Seiten. Die einen wollen die Israelis ins Meer treiben, die anderen wollen die Palästinenser hinter Mauern halten. Keiner hat eine Lösung. Das Einzige wäre eine Zweistaatenlösung, bei der jeder einen Platz und ein Recht auf Leben bekommt. Die Menschen brauchen einen gesicherten Bereich, der ihnen das Gefühl gibt, dass sie dort ganz normal leben können, nicht in ständiger Angst und auch nicht mit einer Waffe, die sie dauernd dabeihaben müssen." Christian Führer kann die Ängste auf beiden Seiten verstehen, auch, dass bei derart rabiater jahrzehntelanger Gewalt friedliche, gewaltfreie Ansichten es schwer haben, sich durchzusetzen. „Ich kann mich sehr gut erinnern, als 1975 Anwar as-Sadat Israel besuchte. Da stieg er aus dem Flugzeug, unten stand die kleine Golda Meir, die israelische Ministerpräsidentin. Sadat blieb oben auf der Gangway stehen und sagte: ‚Wir haben Abraham zum Vater'. Das war ungeheuer. Die beiden gaben sich die Hand, und dann konnte es weitergehen." In der Tat lassen sich sowohl Judentum als auch Christentum und Islam in ihren Ursprüngen auf die Stammvaterfigur des biblischen Abraham zurückführen. Christian Führer ist überzeugt davon, dass hier der Ansatz für eine gemeinsame Zukunft zu finden sei. „Wenn man dorthin zurückgeht und nicht immer versuchen will, die letzten Jahrtausende Unrecht aufzuarbeiten, sondern sich darauf besinnt, friedlich zusammenzuleben und dabei zurückgeht zu den Wurzeln im Glauben an den einen Gott und alle drei Religionen gleichermaßen ernst nimmt, dann kann das eine Brücke sein." Seit 2008 ist Christian Führer im Ruhestand, was aber nicht heißt, dass sein Leben jetzt völlig ruhig verläuft. Häufig stehen noch Vorträge, Buchlesungen oder besondere Gottesdienste vor allem in Deutschland und Österreich an, auch wenn er leider der Gesundheit zuliebe etwas kürzertreten muss. Das Interesse an der friedlichen Revolution ist nach wie vor vorhanden. „Unsere Stiftung heißt ja ‚Friedliche Revolution – Wir gehen weiter.' Das heißt, wir wollen es nicht bei diesem einmaligen Ereignis von 1989 belassen und uns auf den Lorbeeren ausruhen, sondern wir wollen diese Erfahrung auch heute einbringen, zum Beispiel gerade jetzt im Zusammenhang mit dem Arabischen Frühling. Wir werden uns weiterhin einmischen und auch verweigern, hoffentlich immer an der richtigen Stelle. Die Erfahrung der Macht der Gewaltlosigkeit wollen wir auch weiterhin politisch umsetzen, wo es geht." Und die Anfragen sind nicht wenige, sie kommen von überall her. Vor allem im Zusammenhang mit Nordkorea oder Taiwan und China, aber auch Südamerika. „Die Menschen kommen zu uns und lassen sich erzählen, wie das bei uns war, wie es heute vielleicht wieder funktionieren könnte. Es ist mir sehr wichtig, meine und unsere Erfahrungen da weiterzugeben." Christian Führer hat einen Traum: „Ich wünschte, wir könnten ein Paket ‚friedliche Revolution' schnüren und es in die Welt schicken. Das wäre dann ein Exportschlager, an Stelle der deutschen Waffenexporte." Er weiß aber auch, dass das leider nicht klappt. Daher erzählt er den Menschen weiter, wie es bei uns war. Man müsse dann selbst entscheiden, was man davon verwenden könne. „Mein größtes Anliegen ist es, dass man immer wieder versucht, andere Wege zu gehen, Alternativen zur Gewalt zu finden. Damit das gewaltfreie Denken stets in den Gedanken der Menschen lebendig ist."

Zum Weiterlesen:
Christian Führer: Und wir sind dabei gewesen – Die Revolution, die aus der Kirche kam, Berlin 2008.
Giedion, Sigfried: Geschichte des Bades, Hamburg 1998.
Grotzfeld, Heinz: Das Bad im arabisch-islamischen Mittelalter, Wiesbaden 1970.
Kiby, Ulrika: Bäder und Badekultur im Orient und Okzident, Köln 1995.

Lara-Lauren Goudarzi-Gereke

Erinnerungen an einen großen persischen Dichter im Hafisweg

Meusdorf, ein Stadtteil im Südosten Leipzigs. Hier, direkt an der von Wohnhäusern gesäumten Höltystraße, bietet sich dem zufällig Vorbeikommenden ein unerwarteter Anblick: eine über eineinhalb Meter hohe Steinstele mit quadratischem Grundriss, geschmückt mit dem Relief eines bärtigen, in ein langes Gewand gekleideten Mannes, dessen Haupt mit einem Turban bedeckt ist, und darunter, eingraviert in den Stein, folgende Worte: Inschrift mit dem Namen Hafis' auf Persisch:

شمس الدین محمد حافظ

Shams ed-Din Mohamad Hafis

Wer des arabischen Alphabets nicht mächtig ist, erfährt durch die Inschrift auf der linken Seite des Steines, um wen es sich handelt:

Hafis
Beinahme des persischen Dichters
Schems-Eddin Mohamed – Er
lebte im 14. Jahrhdt. In Schiras –
Die Sammlung seiner Gedichte
„Diwan" – 1812 ins Deutsche
übertragen – regte Goethe zu
seinem west-östl. Diwan an

Auf der rechten Seite ist zu lesen:

> *Und mag die ganze Welt versinken*
> *Hafis mit dir, mit dir allein*
> *Will ich wetteifern! Lust und Pein*
> *Sei uns den Zwillingen gemein!*
> *Nun töne Lied mit eigenem Feuer*
> *Denn du bist älter du bist neuer*
> *Goethe*
> *West-östl. Diwan*

Und damit nicht genug: Lässt man den Blick nach links wandern, stellt man fest, dass die direkt neben dem Gedenkstein einmündende Straße den Namen „Hafisweg" trägt. Zusätzlich ist das Straßenschild versehen mit einer Informationstafel:

„Hâfez, Schamse d-din: 1325-1390, Lyriker der persischen Klassik"

Nun stellt sich die Frage, was oder besser wer brachte Hafis nach Leipzig? Und wer war überhaupt dieser Mann, der vor rund 650 Jahren in der heute iranischen Stadt Schiras lebte und dessen Antlitz nun in Meusdorf in Stein gemeißelt zu bewundern ist?
Der Name, unter dem er bekannt ist, Hafis (der „Bewahrer"), ist ein Beiname, den er sich aufgrund seiner ausgezeichneten Kenntnisse des Korans und der Fähigkeit, diesen auswendig zu rezitieren, verdient hatte. Aus einfachen Verhältnissen stammend, stieg er in seiner Geburtsstadt Schiras, die er vermutlich nie verließ, zum Hofdichter auf. Er wirkte nicht nur als Dichter, sondern auch als einem Sufiorden angehörender Lehrer.
Mit Gewissheit lässt sich nicht viel mehr über das Leben des Hafis sagen, eines allerdings schon: Er selbst ist nie in Leipzig gewesen. Sein Ruhm jedoch ist über Jahrhunderte und hunderte, tausende Kilometer bis nach Leipzig (und noch viel weiter) vorgedrungen.
Zugänglich wurde er speziell in Leipzig zunächst durch die 1822

bei Brockhaus in Leipzig erschienen „Oestlichen Rosen" des Dichters Friedrich Rückert. Rückert (1788-1866) übersetzte hier nicht, sondern orientierte sich in dieser Gedichtsammlung am Stil von Hafis' Dichtung. Dennoch, so schreibt die Islamwissenschaftlerin Annemarie Schimmel (1922-2003), aus Rückerts freien Nachdichtungen „kann der deutsche Leser mehr von persischer Art lernen als aus vielen gelehrten Abhandlungen". Später, 1940, veröffentlichte der seit 1937 in Leipzig ansässige Karl Rauch Verlag eine Auswahl von Rückerts Nachdichtungen unter dem Titel „Hafisische Vierzeilen".

1854 jedoch sorgte zunächst Hermann Brockhaus (1806-1877) als Herausgeber der „Lieder des Hafis – Persisch mit dem Commentare des Sudi" dafür, dass der interessierte und selbstverständlich des Persischen mächtige Leser sich nun auch dem persischen Original widmen konnte. In seiner Vorrede stellt Hermann Brockhaus nicht nur die seiner Meinung nach herausragende Bedeutung der persischen Dichtung dar, sondern macht auch den Stellenwert Hafis' deutlich:

„Hafis geniesst seit einem Jahrhundert in Europa den Ruhm, der bedeutendste lyrische Dichter der Perser zu sein, und das mit vollem Rechte, denn er gehört zu den wichtigsten Dichtern des Orients, welche ebenbürtig in die Reihe der grössten Dichter aller Zeiten und Völker aufgenommen zu werden verdienen.

[...]

aber Einen Divan gründlich kennen zu lernen, in ihm alle die Gefühle, Gedanken, Ansichten, Träume und Hoffnungen kennen zu lernen, die die Seele des persischen Volks in Freud und Leid bewegen, halte ich für notwendig, um ein wichtiges Glied in der Kette der geistigen Entwickelung des Menschengeschlechts kennen zu lernen

[...]

Hafis ist nicht blos der Liebling der Perser, sondern auch aller derjenigen Völker des Orients, die die persische Sprache als Culturelement angenommen haben. Seine Lieder werden ebenso mit Begeisterung gesungen an den Ufern des Ganges und der Donau, in den Steppen der Turkmanen und den blühenden Ebenen Südindiens, wie in den Rosengärten von Schiras [...]."

Hermann Brockhaus war der jüngste Sohn des Verlagsgründers Friedrich Arnold Brockhaus. Friedrich Arnold Brockhaus, auf den auch „der Brockhaus" zurückgeht, verlegte die Verlagstätigkeit seines Hauses nach Leipzig, wo er seit 1818 eine Druckerei betrieb. Hermann Brockhaus nahm 1825 sein Studium an der Universität Leipzig auf. Sein Interesse galt von Beginn an der orientalischen Philologie. In Leipzig befasste er sich zunächst mit semitischen Sprachen, ging aber 1827 nach Bonn, um sich die Sprachen Sanskrit und Persisch anzueignen. Zeit seines Lebens blieb Sanskrit das Hauptfeld seiner philologischen Tätigkeit. Doch auch die persische Lyrik beschäftigte ihn, neben Firdausis Shahnameh, das zu den größten Werken persischer Dichtkunst zählt, waren es in erster Linie Hafis' Verse, denen sein Interesse und seine Faszination galten. Zum besseren Verständnis von Hafis' Werk lernte er eigens Türkisch, um sich mit dem von Sudi verfassten Kommentar zum Werk des Persers zu befassen. Im Laufe seiner akademischen Karriere übernahm Hermann Brockhaus 1872 den Posten des Rektors der Universität Leipzig.

Hafis war in Leipzig also so gesehen kein Unbekannter. Namensgeber einer Straße ist er aber erst seit 1950, aufgrund einer Verordnung der DDR zur „Beseitigung nicht mehr tragbarer Benennungen von Straßen, Wegen und Plätzen". Im Protokoll der entsprechenden Plenarsitzung der Stadtverordneten lässt sich nachlesen, dass die Straße vorher den Namen „Langenauweg" trug. Als Grund für die Umbenennung wird „Name der Völkerschlacht" angegeben, ein häufiger Grund für die insgesamt 151 Umbenennungen, neben anderen Gründen wie etwa „Kriegserinnerung" oder „imperiale Erinnerung". Hafis ersetzte als Straßennamensgeber also Friedrich Karl Gustav Freiherr von Langenau, der als Generalmajor des österreichischen Heeres in der Völkerschlacht diente, und reiht sich damit ein neben Tolstoi, Dante, Shakespeare und anderen Dichtern, Schriftstellern sowie Malern und Naturwissenschaftlern, deren Namen 1950 das Leipziger Straßenbild veränderten.

Der Gedenkstein wurde vermutlich in den 1960er oder 1970er Jahre aufgestellt, wann genau und durch wen scheint jedoch in Vergessenheit geraten zu sein. Der offensichtlichste Hinweis auf

den Anlass, den Stein aufzustellen, findet sich in denselben gemeißelt, rechts und links vom persischen Dichterfürsten – nämlich der Name des deutschen Dichterfürsten. Goethe, wer sonst.
Leipzig als Studienort Goethes, aber auch Leipzig als Buchdruck- und Büchermessestadt hält Goethes Andenken in Ehren – so wie er, Goethe, das Andenken von Hafis in Ehren hielt.
In seinem *West-östlichen Diwan* (sinngemäß: West-östliche Gedichtsammlung), seinem umfangreichsten lyrischen Werk, widmet Goethe ihm das „Hafis Nameh", das „Buch Hafis". In einer Ankündigung beschreibt er es mit diesen Worten:

„Hierauf folgt Hafisname, das Buch Hafis, der Characterisirung, Schätzung, Verehrung dieses außerordentlichen Mannes gewidmet. Auch wird das Verhältnis ausgesprochen, in welchem sich der Deutsche zu dem Perser fühlt, zu welchem er sich leidenschaftlich hingezogen äußert, und ihn der Nacheiferung unerreichbar darstellt."

Den Anstoß zum Verfassen dieser Gedichtsammlung lieferte die 1812 erschienene erste deutsche Übersetzung des hafisschen Werks durch den österreichischen Orientalisten Joseph von Hammer. Goethe selbst zufolge waren es politische Umbrüche, die ihn dazu bewogen, sich mit für ihn fernen Kulturen auseinanderzusetzen.

„Wie sich in der politischen Welt irgend ein ungeheures Bedrohliches hervorthat, so warf ich mich eigensinnig auf das Entfernteste."

Nicht zuletzt der durch die Völkerschlacht bei Leipzig eingeläutete Sturz Napoleons und der bis dahin herrschenden europäischen Ordnung dürfte hier eine Rolle gespielt haben.
Diese „Flucht" vor den Umwälzungen in Europa klingt auch in Goethes *Diwan* an:

> Nord und West und Süd zersplittern,
> Throne bersten, Reiche zittern:
> Flüchte du, im reinen Osten
> Patriarchenluft zu kosten

Fast ist man geneigt zu sagen, die Völkerschlacht bei Leipzig trieb Goethe gen Osten und brachte später Hafis' Namen in den Westen.

Fast hätte sich auch Hafis' Name im Titel des *West-östlichen Diwans* wiedergefunden. Denn der erste von mehreren Arbeitstiteln dieser Gedichtsammlung war „Gedichte an Hafis".

Letztendlich ist es wohl Goethes *West-östlichem Diwan* zu verdanken, dass in Leipzig ein Gedenkstein für Hafis aufgestellt wurde. Ob es wohl auch sein *West-östlicher Diwan* war, dem er es zu verdanken hat, dass in Teheran zwei Straßen nach ihm, Goethe, benannt wurden?

Zum Weiterlesen:
Brockhaus, Hermann: Die Lieder des Hafis. Persisch mit dem Commentare des Sudi, Leipzig 1858.
Goethe Werke. Jubiläumsausgabe: Band 1, Gedichte, West-östlicher Diwan. Herausgegeben von Hendrik Biraus und Karl Eibl, Insel Verlag Frankfurt am Main und Leipzig 1998.
Rückert, Friedrich: Hafisische Vierzeilen. Nachdichtungen von Friedrich Rückert, Dessau, Leipzig 1940.
Schimmel, Annemarie: Stern und Blume. Die Bilderwelt der persischen Poesie, Wiesbaden 1984.
StadtAL, StVuR Nr. 125, Bl. 157-165.
Allgemeine Deutsche Biographie
(Volltext: www.de.wikisource.org/wiki/Allgemeine_Deutsche_Biographie)

Vicky Ziegler

Ein palästinensischer Schönheitschirurg wird Leipziger

Anfänge der Schönheitschirurgie
Die Schönheitschirurgie ist keinesfalls eine Erfindung des 20. Jh., denn das Streben der Menschen nach einem Schönheitsideal und nach ewiger Jugend stellt kein Phänomen der heutigen Zeit dar. Jahrtausendealte Hieroglypheninschriften belegen, dass die alten Ägypter bereits vor 4000 Jahren Nasenkorrekturen vorgenommen haben. Sie zeigen, dass die Menschen schon lange vor uns bereit waren, operative Eingriffe an ihren Körpern zu akzeptieren, um dem Schönheitsideal genauer entsprechen zu können. Auch bei den Arabern oder genauer gesagt bei den Muslimen, wurden zur Blütezeit des Islams im 10. Jh. n. chr. Schönheitsoperationen unter Verwendung von Skalpell und Fäden durchgeführt, wobei es sich insbesondere um Narbenkorrekturen handelte.
Die Stadt Bagdad, welche im Gebiet des ehemaligen Zweistromlandes – der sogenannten Wiege der Zivilisation – liegt, wurde im 8. Jh. n. chr. die Hauptstadt des Abbasidenkalifats. Besonders in diesem Reich, das sich zeitweilig gemeinsam mit dem Kalifat von Córdoba auf der Iberischen Halbinsel über Nordafrika bis nach Transkaukasien erstreckte, wurden nicht nur Schönheitsoperationen vorgenommen, sondern auch Erkenntnisse außerhalb der Chirurgie in vielen anderen medizinischen Bereichen erlangt.

Medizin bei den Arabern vom 8. bis 12. Jahrhundert
Zu den bekanntesten muslimischen Wissenschaftlern zählt Abulcasis (Abu al-Qasim, geb. 939, gest. 1013), der sein Leben der Medizin und im Speziellen der Chirurgie widmete. Er verfasste die Enzyklopädie „Al-Tasrif" – nach ihrer Übersetzung ins Lateinische im 12. Jh. eine der Hauptquellen der Medizin in

Europa bis ins 16. Jh. Die Enzyklopädie umfasst 30 Bände, die unter anderem auch Ausführungen zu Geburtshilfe und Gynäkologie enthalten.

Abulcasis stammt aus Az-Zahra unweit der Stadt Córdoba, die im 8. Jh. zur Hauptstadt des muslimisch regierten Gebiets Al-Andalus auf der Iberischen Halbinsel wurde. Unter dem Wirken der muslimischen Herrscher erlebten Kunst und Wissenschaft eine Blütezeit. So befanden sich die angesehensten Universitäten jener Zeit in Córdoba, wie auch über 70 Bibliotheken und ca. 50 öffentliche Krankenhäuser.

Neben Abulcasis gibt es noch zahlreiche andere arabische Gelehrte, die zu grundlegenden wissenschaftlichen Erkenntnissen gelangten, wie beispielsweise Ibn an-Nafis, der im 13. Jh. als Erster den kleinen Blutkreislauf (Lungenkreislauf) beschrieb.

Ein muslimischer Wissenschaftler wird Teil der abendländischen Geistesgeschichte

Der wohl bedeutendste muslimische Wissenschaftler war jedoch Avicenna (Ibn Sina, geb. 980, gest. 1037), der wie kein anderer außereuropäischer Gelehrter der damaligen Zeit besonders auf medizinischem Gebiet hoch geschätzt wurde. Avicenna war jedoch kein Araber, sondern ein Perser, der nahe Buchara – im heutigen Usbekistan – geboren wurde. Er erlernte frühzeitig das Arabische, das im Kalifat die Sprache von Religion, Wissenschaft und Verwaltung war. Er verfasste einen Großteil seiner Werke auf Arabisch und nur den kleineren Teil auf Persisch. Seine Enzyklopädie „Buch der Genesung der Seele" und der „Kanon der Medizin" hatten in lateinischer Übersetzung zusammen mit Abulcasis' Enzyklopädie großen Einfluss auf die Medizin in Europa, wo noch im 17. Jh. Avicennas Kanon an den Universitäten benutzt wurde. Dieses fünfbändige Werk erfasst 800 pflanzliche, tierische und mineralische Heilmittel, verschiedene Diagnosemethoden sowie Prophylaxemaßnahmen und beschreibt zahlreiche Krankheiten und deren Behandlungsmöglichkeiten, wobei auch kosmetische Therapieverfahren Erwähnung finden.

„Die Medizin gehört nicht zu den schweren Wissenschaften", so Avicenna, der sich genauso mit einigen anderen naturwissenschaftlichen Zweigen, wie Chemie und Astronomie, aber auch mit Philosophie beschäftigte. Dabei berief er sich hauptsächlich auf Aristoteles, Hippokrates und Euklid und ließ viele ihrer wissenschaftlichen Erkenntnisse in seine Werke einfließen. Dadurch konnten diese wichtigen geistigen Errungenschaften bis in unsere Zeit erhalten bleiben, denn damals übersetzte man im Kalifat, besonders seit dem 9. Jh. im Bait al-Hikma, dem „Haus der Weisheit", in Bagdad viele altgriechische, aber auch chinesische und indische Werke ins Arabische, die später wiederum ins Lateinische übertragen wurden. Einige dieser Werke sind im Laufe der Zeit verloren gegangen, wobei jedoch die Inhalte dieser Schriften durch die Übersetzungen bewahrt worden sind.

Ende des Wissenschaftsaufschwungs in der arabischen Welt
In Europa wurden die wissenschaftlichen Erkenntnisse der Muslime derart geschätzt, dass man sich nicht nur in arabische Länder begab, um an Ort und Stelle von dem hohen Niveau der Gelehrsamkeit zu profitieren, sondern auch zahlreiche Übersetzungen anfertigte. Berühmt wurden damit Adelard von Bath oder Gerhard von Cremona im 12. Jh. In dieser Zeit entstand in Toledo das bedeutendste Zentrum für Übersetzungen von Werken aus dem Arabischen ins Lateinische.
Heute hat sich dieses Bild jedoch komplett umgekehrt: Mit der Rückeroberung der Iberischen Halbinsel durch die christlichen Könige, der „Reconquista", die im 15. Jh. abgeschlossen war, und dem endgültigen Zerfall des arabisch-islamischen Kalifats, der schon im 13. Jh. mit der Zerstörung Bagdads durch die Mongolen eingesetzt hatte, endete auch das goldene Zeitalter der arabisch-islamischen Kultur. Die Eroberung weiter Gebiete durch die Osmanen und der rasante Aufschwung, den Europa infolge der Renaissance und später durch die Industrialisierung und tiefgreifende gesellschaftliche Umstrukturierungen erlebte, ließen die arabophone Welt in den Hintergrund treten und die Staaten europäischer Sprache zum neuen Vorreiter in allen wissenschaftlichen Bereichen, einschließlich der Medizin, werden.

Das heutige Bildungswesen in der arabischen Welt

Inzwischen begeben sich kaum noch Europäer zum Zweck des Studiums in arabische Länder. Vielmehr reisen heute viele Araber nach Europa und Amerika, um dort zu studieren. Dafür gibt es verschiedene Ursachen, von denen allen voran die schlechte Situation des Bildungswesens in der arabischen Welt zu nennen ist. Zwar wird in einigen arabischen Ländern viel in das Bildungswesen investiert, jedoch steckt es weiterhin in einer tiefen Krise, da insbesondere die Lehrmethoden althergebracht und längst überholt sind. Den größten Teil des Studiums nimmt das Auswendiglernen ein, wodurch die Schüler bzw. Studenten nicht zur kritischen Auseinandersetzung mit verschiedenen Themenbereichen angeregt werden. Ein weiteres Problem ergibt sich daraus, dass viele Fachrichtungen und Spezialisierungen an arabischen Universitäten nicht angeboten werden können, da unter anderem die dazu notwendigen Lehrkräfte fehlen.

So ist es auch nicht verwunderlich, dass die einzigen arabischen Universitäten, die auf der Rangliste der besten Universitäten 2012 weltweit aufgeführt wurden, lediglich zwei saudische Universitäten sind, die dennoch weit hinter Platz 300 rangieren. Die unzureichende Entwicklung des Bildungswesens in arabischen Ländern kann mit einem Vergleich zu Südkorea gut belegt werden: Im Jahre 2008 wurden aus Südkorea, das sich 1960 auf demselben Bildungsniveau wie Ägypten befand, 84110 Patente angemeldet, während die arabischen Länder insgesamt auf nur 71 Patente kamen.

Auf Grund dieser schlechten Lage des Bildungswesens in der arabischen Welt sehen sich viele Araber gezwungen, im Ausland zu studieren. Inzwischen sind auch etliche an deutschen Universitäten immatrikuliert. Derzeit absolvieren rund 3 000 arabische Ärzte und Medizinstudenten in Deutschland ihre Ausbildung. Auch an der Universität Leipzig gibt es arabische Medizinstudenten. Zu ihnen gehört Noura Khoder, die gerade ihr Physikum im Bereich Humanmedizin bestanden hat.

Noura Khoder – eine Medizinstudentin aus dem Libanon

In einem Interview für dieses Buch erzählt Noura, dass sie aus der libanesischen Stadt Tripoli stammt. Wie ihre beiden Schwestern, die als Krankenschwestern im Libanon arbeiten, hat sich Noura ebenfalls dazu entschieden, im Bereich Medizin aktiv zu werden. In ihrer Verwandtschaft sind viele an einer Krebserkrankung gestorben, daher hegt sie schon seit ihrer Kindheit das Interesse, kranken Menschen zu helfen. Aus dem Wunsch heraus, den Krebs zu bekämpfen, entschied sich Noura Medizin zu studieren, dies aber nicht im Libanon sondern im Ausland, und zwar nicht, weil die Universitäten im Libanon nicht renommiert genug seien, sondern weil das Studium im Libanon schlichtweg zu teuer sei. Ca. 12.000 € müssen Studenten dort an Studiengebühren pro Semester bezahlen. Noura hätte zudem auch die Kosten für Unterkunft usw. tragen müssen, da sie dort, wo ihre Eltern wohnen, nicht Medizin studieren kann. „Im Libanon kann man auch nicht wie in Deutschland einen Nebenjob ausüben, um sich das Studium leisten zu können. Das ist dort nicht möglich", meint Noura.

Der Libanon mit seiner Hauptstadt Beirut, die von vielen Arabern als „Paris des Nahen Ostens" bezeichnet wird, gehört zu den modernsten arabischen Ländern und besitzt auch gute Universitäten, wie z. B. die Amerikanische Universität Beirut. Jedoch wird das Studentenleben durch politische Spannungen stark beeinträchtigt, ein Problem, von dem auch Noura betroffen war: Zu der Zeit, als Noura studieren wollte, gab es im Libanon nach der Ermordung des ehemaligen Ministerpräsidenten Rafiq al-Hariri große Unruhen – ein weiterer Grund, weshalb sie sich gezwungen sah, zum Studium ins Ausland zu gehen.

Noura wählte Deutschland, da hier einige ihrer Verwandten leben, die sie zu Beginn unterstützen konnten. Zuerst musste sie ein Studienkolleg in Deutschland absolvieren, das ausländische Studenten auf das Studium vorbereitet. Noura hat erst dort Deutsch gelernt. Sie meint, dass die Aussprache schwierig sei, dennoch sprach sie im Interview sehr gutes Deutsch, wenn man bedenkt, in welch kurzer Zeit sie es erlernen musste.

Doch Noura ist daran gewöhnt, in fremden Unterrichtssprachen zu studieren, denn an Schulen und Universitäten im Libanon wird entweder auf Französisch oder Englisch gelehrt. Ausschließlich das Fach Arabisch wird auf Arabisch unterrichtet. Deshalb beherrscht Noura die französische Sprache perfekt und hegt insgesamt für Fremdsprachen – und dazu gehört auch Deutsch – eine große Leidenschaft, wie sie selbst sagt.
Nachdem Noura letztendlich ihr Studienkolleg absolviert hatte, bewarb sie sich an allen möglichen Universitäten in Deutschland, an denen man Medizin studieren kann. Schließlich hatte sie die Wahl, entweder in Berlin oder in Leipzig zu studieren.

Leipzig – eine schöne Stadt zum Studieren

Berlin sei zwar schön, jedoch befürchtete Noura, dass sie in Berlin zu viel Zeit für die weiten Wege aufopfern müsse. Außerdem leben in Berlin etliche Freunde und Verwandte von Noura, mit denen sie wohl zu viel Zeit verbringen würde – Zeit, die man eigentlich für das Medizinstudium brauche. „Leipzig ist eine schöne Stadt, vor allem zum Studieren", meint Noura. „Die Stadt ist nicht zu groß und nicht zu klein. Man findet hier alles schnell, außerdem hat die Universität Leipzig in Deutschland einen guten Ruf. Bis heute bereue ich meine Entscheidung überhaupt nicht."
Im Moment hat Noura vor, sich auf Gynäkologie zu spezialisieren, da dieser Bereich sehr breit gefächert ist. Außerdem gefällt ihr, dass man in diesem Gebiet mit Frauen und Kindern zu tun hat. Zudem könne man auch eine zusätzliche Spezialisierung – wie die Schönheitschirurgie – absolvieren. Kurzum: Es werde niemals langweilig in diesem Bereich.
In den arabischen Ländern gingen viele Frauen sowieso lieber zu einer Frauenärztin. Das liege wahrscheinlich auch am Islam, meint Noura. Jedoch wäre es nicht verwerflich für eine Frau, einen möglichen Frauenarzt aufzusuchen, falls es keine Ärztin gäbe.
Irgendwann möchte Noura wieder in ihre Heimat zurückkehren, aber nicht direkt nach dem Studium, denn die ersten Berufserfahrungen seien sehr wichtig. Diese möchte sie erst einmal in Deutschland sammeln, um dann im Libanon erfolgreich weiter-

arbeiten zu können.

Zu der Frage, ob es für sie vorstellbar sei, sich für den Bereich Medizin an den arabischen Universitäten einzusetzen, indem man beispielsweise Fachliteratur ins Arabische übersetze, meint Noura, dass dies nicht besonders sinnvoll wäre, da Medizin an den libanesischen Hochschulen ausschließlich auf Französisch bzw. Englisch unterrichtet würde. Auch Organisationen wie die Arabische Organisation für Bildung, Kultur und Wissenschaften – kurz: Alecso – konnten die Probleme des Bildungswesens in der arabischen Welt bis jetzt noch nicht gänzlich abbauen.

Frauenarzt Dr. Nidal Gazawi

Dr. Nidal Gazawi ist ebenfalls nach Europa ausgewandert, um hier Medizin zu studieren. Er stammt ursprünglich aus Palästina, genauer gesagt aus der kleinen Stadt Qalansawe, die mit dem Auto ungefähr eine Stunde von Jerusalem entfernt ist. Seit jeher hat sich Dr. Gazawi für das Operative insbesondere im Bereich der Frauenheilkunde – interessiert. Deshalb hat er im Alter von ungefähr zwanzig Jahren seine Heimat verlassen, um in der Stadt Charkow in der Ukraine (der damaligen Sowjetunion) Medizin zu studieren. Bereits während des Studiums lernte er dort auch seine Ehefrau kennen, die aus Leipzig stammt. Mit ihr ist er nach seinem Studienabschluss nach Leipzig gezogen, um hier eine Familie zu gründen und als Arzt tätig zu sein.

Inzwischen hat sich Dr. Gazawi in harter Arbeit eine eigene Gynäkologie-Praxis aufgebaut, die sich in der Innenstadt von Leipzig befindet. Sie ist einzigartig und gehört zu den modernsten Praxen für Frauenheilkunde und Geburtshilfe in Leipzig. Ange-

Dr. Nidal Gazawi

boten werden neben intensiver Beratung auch die für eine Frauenarztpraxis üblichen Leistungen, wie Krebsvorsorge, Schwangerenbetreuung, Entfernung von bösartigen Tumoren, aber daneben auch individuelle Leistungen, wie „Baby-Fernsehen", Darm- und Blasenkrebsfrüherkennung und Ultraschalldiagnostik. Die erste Frage, ob insbesondere arabische Frauen aufgrund der einfacheren Kommunikation seine Praxis aufsuchen, verneint Dr. Gazawi. Es sei immer vorteilhaft, wenn ein Arzt mehrere Sprachen beherrsche, jedoch sei der arabische Einwohneranteil in Leipzig eher gering. Zudem könne ein Großteil der arabischen Frauen hier gut genug Deutsch, weshalb sie nicht auf einen arabischen Arzt angewiesen seien. Außerdem könne man im Notfall auch einen Dolmetscher heranziehen.
Auf die Frage, ob arabische Frauen eine Frauenärztin einem Frauenarzt bevorzugen, meint Dr. Gazawi, dass nicht nur arabische Frauen lieber zu einer Frauenärztin gingen, sondern auch europäische Frauen generell. Arabische Frauen, insbesondere jüngere, genierten sich jedoch oftmals noch mehr. Natürlich suchten aber auch arabische Frauen nach einem geeigneten Facharzt, der ihnen bei ihren Problemen helfen könne, und da sei es auch ihnen letzlich gleichgültig, ob es sich dabei um einen Mann oder eine Frau handele. Außerdem merkt er an, dass unter Arabern der männliche Arzt schon immer als Bruder und somit auch als Vertrauensperson betrachtet wurde.

Wahiba-Ästhetik
Dr. Gazawi hat sich jedoch nicht nur auf Frauenheilkunde und Geburtshilfe spezialisiert, sondern ist auch im Bereich der Schönheitschirurgie aktiv, und zwar mit vielseitigen Behandlungsmethoden und Leistungen, die er als „Wahiba-Ästhetik" bezeichnet. Zusätzlich zu Narbenkorrekturen, Fettabsaugungen und ästhetischen Operationen an der Brust gibt es in Dr. Gazawis Frauenarztpraxis auch die Behandlungsmethode der Mesotherapie. Dies ist eine hautschonende Behandlungsmethode zur Straffung der Haut und zur Bekämpfung von Falten, die in Deutschland äußerst selten angeboten wird.
Zu seinem Team gehören eine OP-Schwester, eine onkologische Schwester und zwei Arzthelferinnen.

Dr. Nidal Gazawi und sein Team

Warum hat jedoch Dr. Gazawi seiner Schönheitschirurgie den Namen „Wahiba-Ästhetik" gegeben? Ganz einfach, weil der Name seiner Mutter Wahiba ist. Zu ihren Ehren hat er diese Bezeichnung gewählt. Außerdem wollte er seiner Schönheitschirurgie nicht einen bestimmten medizinischen Begriff verleihen, wie es andere Ärzte für gewöhnlich tun.

Islam und Schönheitsoperationen

Schönheitsoperationen sind jedoch ein recht sensibles Thema im Islam. Viele muslimische Rechtsexperten gehen davon aus, dass Schönheitsoperationen, die nur der Verschönerung dienen und medizinisch nicht notwendig sind, im Islam nicht erlaubt seien, da sie Gottes Schöpfung veränderten. Wird jedoch beabsichtigt, einen Makel, der infolge einer Krankheit oder eines Unfalls entstanden ist, durch eine Schönheitsoperation zu beheben, dann sei dies nach islamischem Verständnis durchaus rechtens.

Trotz dieser weitverbreiteten Haltung erlebt auch die arabische Welt einen regelrechten Boom an Schönheitsoperationen. Und obwohl sogar derzeit ein Wiederaufleben des orthodoxen Islams in der arabischen Welt zu beobachten ist, steigt die Nachfrage nach Schönheitsoperationen stetig. Auch Dr. Gazawi ist der Meinung, dass Islam und Schönheitsoperationen vereinbar seien.

„Man bleibt trotzdem Araber"

Dr. Nidal Gazawi lebt nun schon seit dreißig Jahren in Leipzig, trotzdem versucht er, weiterhin Kontakt zu seiner Familie zu halten. Er meint, dass die meisten Araber hier in Europa ihre Wurzeln auch dann nicht vergessen, wenn sie lange Zeit von ihrer Heimat getrennt seien. So auch Dr. Gazawi, der trotz seiner deutschen Frau und seines Berufslebens in Deutschland weiterhin Araber geblieben ist. Natürlich könne man nicht allen Traditionen im Ausland nachkommen, jedoch fährt er jedes Jahr, besonders zu den arabisch-islamischen Feiertagen, zu seiner Familie nach Qalansawe im Zentralbezirk von Israel, vier Kilometer westlich vom Westjordanland.

Darüber hinaus versucht Dr. Gazawi, was arabische Literatur betrifft, auf dem aktuellen Stand zu bleiben. Dazu nutzt er beispielsweise die Leipziger Buchmesse sowie Lesungen verschiedener arabischer Schriftsteller und Dichter, die in Leipzig immer wieder vor einer treuen, nicht nur arabischen Anhängerschar veranstaltet werden. Seine Lieblingsdichter sind Mahmud Darwisch und Nizar Qabbani. Der eine – der größte palästinensische Dichter, der mit seinen facettenreichen Versen über die Grenzen der arabischen Welt hinaus Berühmtheit erlangte. Der andere, der Syrer Nizar Qabbani – besonders wegen seiner Liebespoesie, aber auch als politischer Dichter auch noch Jahre nach seinem Tod bekannt und verehrt, und dies nicht nur in seinem Heimatland, wo er besonders in den Wirren des sogenannten arabischen Frühlings zu neuem Leben erwachte. Beide sind gleichzeitig Beispiele dafür, dass zahlreiche arabische Intellektuelle ihre eigenen arabischen Traditionen mit der Kultur ihrer Exilländer verweben und zu kosmopolitischer Größe gelangen. Mahmud Darwisch konnten die Leipziger und die arabischen Wahlleipziger in der Stadtbibliothek bei einer mitreißenden Lesung wenige Jahre vor dessen in der gesamten arabischen Welt zutiefst betrauertem Tod sogar live erleben.

Also auch weitab von der arabischen Heimat gibt es immer wieder Gelegenheiten, die eigene Identität zu spüren. Bei Dr. Gazawi übrigens nicht nur, wenn arabische Verse erklingen, sondern auch, wenn orientalische Düfte durch die Küche ziehen.

Über diese Tradition freuen sich auch seine Leipziger Freunde sehr und besuchen ihn stets gern an solchen Abenden.

PalMed Deutschland und weitere Vereine arabischer Ärzte in Deutschland

Dr. Gazawi legt insbesondere Wert darauf, den Menschen in seiner Heimat zu helfen, daher ist er inzwischen Mitglied im Verein „PalMed Deutschland", der 2008 gegründet wurde. „PalMed Deutschland" ist ein deutsch-palästinensisches Ärzteforum, das persönliche Kontakte zwischen palästinensischen Ärzten und Apothekern herstellt, die in Deutschland leben. Der Verein hat es sich zum Ziel gesetzt, die Zusammenarbeit zwischen den palästinensischen Organisationen und Vereinen zu verbessern. Zudem sollen Weiterbildungsmöglichkeiten für palästinensische Ärzte und Apotheker in Deutschland zugänglich gemacht und Partnerschaftsbeziehungen zwischen deutschen und palästinensischen medizinischen Einrichtungen aufgebaut werden, um die medizinische Versorgung der Palästinenser in den Autonomiegebieten und in Israel zu verbessern.
Weiterhin strebt der Verein an, humanitäre Einsätze bzw. medizinische Operationen in den palästinensischen Gebieten vorzunehmen. Auch Dr. Gazawi erklärt sich zu humanitären Einsätzen im palästinensischen Autonomiegebiet bzw. in Israel bereit, und das auch ehrenamtlich. „Man muss die Menschen in der Heimat unterstützen", meint Dr. Gazawi, „für manch andere arabische Ärzte ist das nicht so wichtig, aber ich möchte mich gerne für meine Landsleute einsetzen."

Verbesserung des Bildungswesens

Neben dem Verein „PalMed" gibt es noch zahlreiche andere Verbände arabischer Ärzte in Deutschland bzw. in Europa, die versuchen das Gesundheitssystem in der arabischen Heimat sowie die medizinische Ausbildung in arabischen Ländern durch Kooperation zwischen deutschen und arabischen Universitäten zu verbessern, so beispielsweise die „Deutsch-Syrische Ärztegesellschaft".
Andere Vereine streben an, medizinische Texte aus europäischen Sprachen ins Arabische zu übersetzen. Damit versuchen sie dem

Problem entgegenzuwirken, dass viel zu wenige Fachbücher mit den neuesten wissenschaftlichen Erkenntnissen auf Arabisch zugänglich sind.

Auch die „Arab-German Chamber of Commerce and Industry" ist bestrebt, das Gesundheitssystem in den arabischen Ländern mit Hilfe deutscher Universitäten zu reformieren bzw. zu verbessern. Einerseits besteht das Hauptproblem in dem mangelhaften Bildungswesen der arabischen Länder, andererseits aber auch darin, dass viele Hochschulabsolventen trotz ihrer hohen Qualifizierung keine entsprechende Anstellung in ihrer Heimat finden. Daher sehen sich viele gezwungen, im Ausland, insbesondere auch in Deutschland, nach Arbeitsmöglichkeiten zu suchen.

Natürlich wurde dieses Problem in den arabischen Ländern erkannt, und es gibt auch einige Bemühungen, das Bildungswesen zu verbessern. Diesem Ziel werden jedoch viele Steine in den Weg gelegt, einerseits weil die arabischen Länder oft nicht über die finanziellen Mittel verfügen, um ihre Universitäten mit den modernsten Techniken auszustatten, und andererseits durch die vielen Unruhen, die der Nahe Osten und Nordafrika erleben. Vielleicht bieten aber gerade die gesellschaftliche Verunsicherung und der Verlust traditioneller Strukturen neben all den damit einhergehenden negativen Folgen auch die Chance zu einer sinnvollen Reformierung des Bildungswesens, damit große Denker und Wissenschaftler wie einst Avicenna in der arabischen Welt wieder wirken können.

Zum Weiterlesen:
Strohmeier, Gotthard: Avicenna. Beck, München 1999.

Kristina Stock

Karasholi und Karachouli umarmen die Meridiane

Vorspiel

Donnerstag, 15. Oktober 1936. In Damaskus wird ein Junge geboren, dessen Eltern nicht ahnen können, dass sich das kurdische und arabische Blut ihrer Familie eines Tages im fernen Europa mit deutschem Blut mischen wird und Zufälle oder Schicksal und nicht zuletzt ein starker Wille und eine große Begabung einen Sohn „derer von der schwarzen Steppe", auf Kurdisch Karasholi, nicht nur in seiner Heimat berühmt werden lassen.

Neun Wochen zuvor, am 6. August, hatten viele Deutsche ihren Blick nach Damaskus gerichtet, während die Damaszener – sicherlich auch Adels Eltern – hautnah Zeuge eines spektakulären Ereignisses geworden waren. Um zwei Uhr morgens war Elly Beinhorn von Damaskus mit einer Messerschmitt Bf 108 Taifun zu einem Rekordflug über drei Kontinente mit Zwischenlandungen in Kairo und Athen gestartet, um am Abend nach 3.750 Kilometern in Berlin Tempelhof zu landen.

Dennoch: Diese technische Meisterleistung aus Deutschland interessierte wahrscheinlich die Damaszener zu jener Zeit viel weniger als die Verhandlungen mit der Mandatsmacht Frankreich, die reichlich vier Wochen später zu einem „Freundschafts- und Bündnisvertrag" führten, in dem Syrien endlich die Unabhängigkeit in Aussicht gestellt wurde. Dementsprechend bekam das Land am 21. Dezember einen ersten eigenen Präsidenten. Es war Hāšim al-Atāsī, Sohn eines Großgrundbesitzers, in Istanbul erzogen und für nationale Belange engagiert. Gleich nach seinem Amtsantritt musste er sich mit Bestrebungen Frankreichs auseinandersetzen, das Land in drusische, kurdische und alawitische Kleinstaaten zu teilen, bis er dann kurz vor Ausbruch des 2. Weltkrieges von seinem Amt zurücktrat. Die nun folgenden Kampfhandlungen in Europa und vielen

Teilen der Welt geschehen fern von jenem kleinen Jungen namens Adel, der unbeschwert mit seinen Freunden in der Gasse Fußball spielt und davon träumt, Räuberhauptmann zu werden.

Sonnabend, 11. Januar 1941. Zwickau. Männer werden eingezogen. Wohin? Russland, Südeuropa oder gar Nordafrika? Keine Abenteuerlust, kein Wissensdrang, keine Tourismusanbieter führen sie dorthin. Auch ist nicht sicher, dass sie je wieder nach Hause kommen werden. Frauen bleiben allein, Kinder werden geboren. So auch Regina. Dass auch sie eines Tages die Fremde kennen lernen wird, doch nicht notgedrungen, sondern neugierig, aufgeschlossen und voller Sympathie für das Andere, kann sich in jenem ungewöhnlich kalten Winter niemand vorstellen. Dass zur selben Zeit ein Vertreter des Auswärtigen Amtes, Werner Otto von Hentig, in geheimer Mission Syrien und den Libanon bereiste, berührte weder die Menschen in Zwickau noch die in Damaskus. Man hatte andere Sorgen: Reginas Vater ist im Krieg in der Ukraine, daheim versucht die Mutter, ihre beiden Kinder mit konservierten Früchten aus dem Garten satt zu bekommen, und flüchtet mit ihnen panisch bei jedem Sirenenalarm in den weit entfernten Luftschutzkeller …

1945 ist der Krieg endlich vorbei, die Not jedoch nicht. Mit leerem Magen, mitunter ohne Dach überm Kopf muss man sich ans Aufräumen machen, sich neu finden. Deutschland ist in Besatzungszonen aufgeteilt, Syrien sehnt sich nach Unabhängigkeit. 1946 schien dort alles perfekt. Die letzten französischen Truppen zogen ab, und am 17. April wurde die Syrische Arabische Republik ausgerufen. Adel war fast zehn Jahre alt. Frühzeitig hatte er das Wort „Krieg" gehört, verstand es aber erst, als er in jenem Jahr aus dem Fenster seines Elternhauses blickte, das sich auf dem Berg Qasiun befand. Unten stand Damaskus in Flammen. „Die verstörten Flüchtlinge, die zu uns kamen, sagten, die Franzosen hätten die Stadt bombardiert", erinnert sich Adel. Etwas später lernt er ein neues Wort: „Unabhängigkeit".

Das erste Gedicht schreibt er 1951, fünfzehnjährig, aus Liebeskummer … Mit den Jahren reift diese Traurigkeit zu einem großen, allgemeinen Kummer, der sich auf eine Liebe bezieht, die nicht einem, sondern vielen Menschen gehört, und zwar „den Armen meines Landes, die mit ihrem Schweiß die Mühlen weniger Mächtiger antrieben."[1] Mit sechzehn gründet er gemeinsam mit Freunden einen Literaturklub und bringt eine Zeitung heraus, die allerdings nach der ersten Nummer von den Behörden unter Diktator Schischakli verboten wurde.

Nach dem Krieg beginnt auch für Regina ein neuer Lebensabschnitt. Sie besucht in Zwickau die Grundschule, dann die Oberschule und lernt mit Begeisterung Fremdsprachen, vor allem Russisch. Von klein auf eine süchtige Leserin, schmökert sie alles, was sie bekommen kann, am liebsten über fremde Länder, und schreibt für sich selbst kleine Geschichten. Nach dem Abitur absolviert sie ein Praktisches Jahr in den chemischen Werken BUNA, und 1960 beginnt sie an der Karl-Marx-Universität in Leipzig zu studieren. Sie will Lehrerin werden für Deutsch und Russisch.

Daheim in der Fremde?

Zurück nach Damaskus. Adel, der 1957 in den marxistisch orientierten Arabischen Schriftstellerverband als jüngstes Mitglied aufgenommen wurde, muss nach dessen Verbot mit dreiundzwanzig Jahren seine Heimat 1959 verlassen und sucht zunächst wie viele arabische Künstler seinerzeit im Libanon die schöpferische Freiheit, die ihm Syrien nicht gewähren konnte, bleibt aber nicht lange, sondern reist weiter nach Westdeutschland, um 1961 schließlich in der DDR am Literaturinstitut „Johannes R. Becher" und an der Theaterhochschule ein Studium zu beginnen und damit sein neues Daheim in Leipzig zu finden.

Es wird gemeinhin „Kulturschock" genannt – dieser plötzliche hautnahe Einblick in ein fast in jeder Hinsicht ungewohntes Leben. Adel erinnert sich, wie er damals zunächst in München „am Fließband feindlicher Blicke" stand: „Und ohne Lied lag ich/Bei den kleinen Vögeln/Auf der blassen Straße/Zwischen eilenden Füßen/Und rasenden Rädern."[2]

Nach erfolgreichem Studium beginnt er sein Berufsleben an der Karl-Marx-Universität in Leipzig und unterrichtet selber Studenten, und zwar in der von ihm hochgeschätzten arabischen Sprache seiner Heimat. Der Literatur und dem Theater wird er immer treu bleiben: mit 34 Jahren verteidigt er seine Dissertation über die Brecht-Rezeption in den arabischen Ländern. Zwei Jahre zuvor war sein erster Gedichtband in deutscher Nachdichtung unter dem Titel „Wie Seide aus Damaskus" erschienen. Darauf dichtet er dann entweder arabisch oder deutsch und macht diese beiden Sprachen zur Stimme seiner Kunst. Dabei ist Deutsch die Sprache, die er täglich zu hören bekommt und die er sprechen muss, ja muss, um das tägliche Leben zu meistern, um neues Wissen anzuhäufen, um seine Neugier zu stillen, um seinen Beruf oder seine Berufung ausüben zu können, damit seine Kunst nicht ungehört verhallt. Und das Deutsche ist auch die Sprache, die er hören und sprechen will, um eins zu werden mit einer Frau, die auch seine Sprache hören und sprechen will. Zwei nicht verwandte Sprachen, zwei nicht verwandte Menschen: scharfsinnige, humorvolle dunkle Augen blicken in klare, gütig-freundliche, hellblaue Augen:

Lichtblicke

Zwei Frauen
Die erste
Sie steht vor dem Spiegel
Und fragt mich oft,
Ob ihre Augen schön sind.
Ich sage: Ja!

Wenn sie mit mir tanzt,
Fragt sie mich oft,
Ob sie nicht am besten tanzt.
Ich sage: Ja!

Sie fragt mich,
Ob ihre Schuhe
Zu ihrem neuen Kleid passen.
Ich sage: Ja!
Nun fragt sie mich,
Ob ich sie liebe …

Die zweite
Sie fragt mich,
Ob ich Post von zu Hause habe.
Ich sage: Nein!
Sie ist traurig.

Sie fragt mich,
Ob ich mich einsam fühle.
Ich sage: Nein!
Sie ist glücklich.
Sie fragt mich,
Ob ich ruhige Kinder liebe.
Ich sage: Nein!
Sie umarmt mich.

Sie fragt mich nicht,
Ob ich sie liebe.
(1964)

Er hat sich für die zweite entschieden, sodass er auch noch Jahre später (1992) anlässlich der Verleihung des Chamisso-Preises in der Bayrischen Akademie der Schönen Künste sagen kann: „Das sächsisch Weib mit ihrem blonden Haar, in dem ich mich einst in der Hainstraße verfing, fesselt mich noch wie eh und je an diese Stadt."
Kennengelernt haben sich Adel und Regina während ihres Studiums in Leipzig. An einem Frühlingstag sprach er sie in eben dieser Hainstraße an, es war Liebe auf den ersten Blick. Allen Warnungen und Bedenken ihrer Umgebung zum Trotz heiraten sie 1964. Im gleichen Jahr wird das erste Kind geboren, zwei Jahre darauf das zweite – Salma und Suleiman.

Nach ihrem abgeschlossenen Studium hatte Regina zunächst als Lehrerin in Zwickau gearbeitet. Jetzt ist die Familie in Leipzig vereint, und Regina beginnt besessen Arabisch zu lernen. Zunächst den Damaszener Dialekt. Sie lernt ihn von Adels 11-jähriger Schwester, die nach dem Tod der Eltern in die junge Familie integriert wird. Da Regina keine arabischen Buchstaben kennt, denkt sie sich eine eigene phonetische Umschrift aus. Doch schon bald besucht sie Arabisch-Kurse in der Volkshochschule und als Gasthörerin Seminare am Orientalischen Institut. Gespannt folgt sie den linguistischen Überlegungen von Wolfgang Reuschel, und seitenweise schreibt sie Günther Krahls Übungen in Schönschrift ab. Jahre später, als sie selbst arabische Literatur unterrichtet, erklärt sie in einem Interview den wahren Grund für ihren Fleiß: „Irgendwann dachte ich: Liebe hin, Liebe her. Ich werde ihn nie ganz begreifen, wenn ich seine Sprache nicht lerne. So habe ich dann noch einmal in Leipzig ein Arabistikstudium aufgenommen."

Der Orient zu Besuch

1965 schreibt Adel in seinem Gedicht „Wenn Damaskus nicht wäre": „Vor meinem Fenster/Steht ein Baum, den/Vögel bewohnen. Vertraut/Begrüßen sie mich am Morgen./Betrachtend den weichen, weißen Schnee,/Sitze ich hinter meinem Schreibtisch/Geborgen von Wärme."

Eine große Altbauwohnung, ein kleiner Balkon mit selbstgezüchteten Pelargonien, hohe Räume mit Stuckdecken inmitten anderer einstmals wohlsituierter, mittlerweile ziemlich grauer Bürgerhäuser. Der melancholische Blick bleibt oft an regenschweren Wolken hängen, die man nicht mehr wahrnimmt, wenn die Gedanken rasch in die Ferne schweifen, in die sonnigheiße Heimat, Adels „Rose im Herzen", oder zu den bunten Schauplätzen aus vielfältigen Büchern, die in Reginas Übersetzungen zu neuem Leben erwachen.

Die literarischen Reisen führen in alle möglichen arabischen Länder. Man lebt die verschiedensten Schicksale, wie das des syrischen Studenten, der sich zu Zeiten der französischen Kolonialherrschaft gegen die feudale Denkweise seiner Familie aufbäumt und in der Kunst des von seiner gesellschaftlichen Schicht so verachteten Dolchtanzes den Traum von einer besseren Welt realisieren will. Der syrische Schriftsteller Hanna Mina zeichnet in seinem Roman „Sonne an bewölktem Tag" ein nuancenreiches, ja dramatisches Zeitbild, das durch den Tanz eine symbolisch-mythische Dimension bekommt: „Ein neuer

Lazarus! Die Erde erwacht. Schon bricht sie auf. Die Toten verlassen die Gräber. Es ist an der Zeit. Sie folgen dem Ruf und erheben sich. Sie haben unsere Stimmen aus dem tiefen Brunnen vernommen. Sie haben unser Pochen und Klopfen gehört. Mit einer leichten Bewegung der Fingerspitzen ließ ich den Dolch in die flache Hand gleiten … Allmählich beschleunigte sich der Rhythmus. Den Dolch in der Hand, streckte ich ein Bein vor, der Körper blieb nach hinten geneigt. Mit jedem Herzschlag ersehnte ich das Zeichen, um endlich den Dolch über meine Knie zu ziehen und ihn dann auf die Brust meines Gegners zu richten. Heftiger wurden die Schläge, schneller die Schritte. Der rechte Fuß tänzelte, während der linke, ohne sich von der Stelle

Adel, Lesung in Damaskus 1955

zu rühren, den Takt auf den Boden klopfte, gebieterisch, rachsüchtig, drohend. Das Publikum tobte, Beifall brach los."[3]

Noch plastischere Bilder malt der Tunesier Hassouna Mosbahi, der den Leser in die nordafrikanische Heimat eines Exilanten entführt. Wir begleiten einen Beduinenjungen, der mit fünfzehn Jahren zum ersten Mal das Meer sieht: „Von diesem Moment an war er seinem tiefen Blau und der Musik des Wellenschlages verfallen. Jedes Mal, wenn er in sein Dorf zurückkehrte, fühlte er sich einsam, verlassen und fremd. Alles verdross ihn, die sandigen Wüstenwinde, die Fliegen, der Frost, die Heuschrecken, die krächzenden Raben auf den Kuppen der kahlen Hügel, die unwegsamen Schluchten, in denen in der Mittagsglut die Schlangen fauchten, die Läuse, die sich auf den Köpfen der Jungen tummelten, der Schnupftabak, den sich die Beduinen in Mund und Nase stopften, die Dürre, die Tiere und Menschen hinwegraffte, und der gelbe Staub, der im Monat März die Augen blendete."[4]

Ähnlich desillusionierend die Rückkehr nach jahrelangem Exil, das für viele „Weltensammler"[5] eine Gratwanderung zwischen Heimatverklärung und Entfremdung bedeutet: „Der Bus bog in die Straße nach Süden ein. Hauptverkehrszeit. Beschimpfungen und Flüche, die in der Luft aufeinanderprallten, quietschende Lastwagen, die zum Anhalten zwangen. Karren mit Mauleseln, die den Weg versperrten. Verkehrspolizisten, nervös und hilflos herumfuchtelnd. Passanten mit bedrückten Mienen, als würden sie ins Verderben geführt. Die Elendsviertel, ein einziges Chaos, überwuchert von einem Dschungel aus Antennen. Kühe und Schafe, die erbärmliche Grasfleckchen abweideten. Kadaver von Hunden und Katzen, von Autos zermalmt. Kinder, die mit rotzverschmierten Gesichtern zwischen Abfallhaufen spielten. Schwarze, faulige Abwässer, die träge dahinflossen. Frauen und Männer in Beduinengewändern, die mit offenen Mündern, mitten auf der Straße stehen blieben. Greise, die mühsam in der milden Herbstsonne umherschlichen. Menschen, die an uringelben Sockeln lehnten und den Verkehr so aufmerksam beobachteten, als verfolgten sie einen spannenden Fernsehfilm. Schilder mit Reklamen für prunkvolle Hotels am Meer, Parfüm, Bekleidung, Autos, Fernseher, Seife, Zahnpasta und Getränke. Reklame, die ‚Vitalität, Schwung und ewiges Glück' versprach."[6] Impressionen, nicht neu für einen deutschen Leser, der schon arabische Länder bereist hat und nicht nur im abgeschirmten Hotelareal geblieben ist.

Aber auch romantische Sehnsüchte können in der orientalischen Bücherwelt gestillt werden, wie in der Wüstenschilderung des Ägypters Baha Taher: „Bevor wir die Reise antraten, habe ich alles über diese Wüste und über Siwa gelesen, all die Bücher von Globetrottern und Geschichtsschreibern, die ich aus Irland mitgebracht hatte, und was ich sonst darüber in den Buchläden von Kairo finden konnte. Ich hätte nicht geglaubt, noch etwas Neues entdecken zu können, irgendetwas, das mich überraschen würde. Was je über diese Route geschrieben wurde, über die Brunnen, die Dünen, die Stürme – ich habe alles studiert. Aber die Bücher berichteten mir nichts davon, wie die Wüste wirklich ist. Von ihnen erfuhr ich nicht, wie das Sandmeer im Laufe des Tages seine Farben wechselt. Mit keinem Wort erwähnten sie die Bewegung der Schatten, die plötzlich einem gelben Hügel ein schmales graues Dach aufsetzen oder in seiner Mitte ein dunkles Tor auftun. Nichts stand in ihnen darüber, wie die kleinen hohen Wolken gleich grauen Vogelschwärmen über die Dünen eilen, und nichts erzählten sie über die Morgendämmerung – ach, gerade die Morgendämmerung! –, wenn aus einem dünnen weißen Faden am Horizont rote Glut hervorbricht und ganz allmählich die Finsternis erhellt, bis der Sand mit dem ersten Sonnenstrahl als ein goldenes Meer aufgleißt und ein nie gekannter Wohlgeruch in meine Nase steigt, ein herrliches Potpourri aus Frühtau, aus Sonne und Sand."[7]

Auch die deutschen Räume in Karasholis Wohnung werden manchmal orientalisch, nicht durch Mobiliar oder Souvenirs, sondern dank der Gäste und der arabischen Küchendüfte. Auf der Couch übernachtete der größte Dichter der Palästinenser – friedlich und geborgen. Für Karachoulis ein Freund – Mahmud Darwisch. Er wird noch einmal wiederkehren und seine Gedichte vor einem andächtigen deutsch-arabischen Publikum in der Leipziger Stadtbibliothek rezitieren. Und Adel wird seine deutsche Übersetzung vortragen … Eine Wohnung in Leipzigs Osten als Zuflucht für viele: für eine große Familie und Gäste, die in andere Welten entführen. Und eine Arbeitsstätte, die man in zwanzig Minuten zu Fuß erreichen kann, wo zahlreiche Kollegen und etliche Studentengenerationen den beiden Karasholis zuhören, die Kompetenz bewundern, das Kritische respektieren und die Menschlichkeit genießen, während die beiden eng verbundenen und doch sehr eigenständigen Kulturvermittler das Fremde vertraut machen.

Kunst und Politik
Adel als Stammgast der Künstlerstammtische in Leipzigs Cafés. Diskussionen über Sinn und Unsinn der eigenen Existenz, der Gesellschaft, des Daseins. Hoffnungen, Irrtümer, Erfolgserlebnisse, Enttäuschungen im Umgang mit Widersprüchen und unlösbaren Problemen. Keine Schwarz-Weiß-Malerei, sondern hartnäckige Versuche, kritisch mit Beobachtungen und Eindrücken umzugehen und helfend einzugreifen. Mutige Auftritte vor der „Duckmäuserzentrale" nach dem Motto: „Löffle die vorgesetzte Suppe nicht,/Wenn sie dir nicht schmeckt./Schlag mit der Faust auf den Tisch./Aber komm nicht mit leerer Hand ..." (1976).
Aber auch traurige Resignation angesichts des „Homo oeconomicus", denn:

Regina, Ankunft in Damaskus 1965

Zuweilen spukt ein Krämergeist
In diesem besseren Land,
Zerfrisst von Fall
Zu Fall
Das blühende Grün
Mit Mühe gepflanzt
Im Menschen.
(1976)

Obwohl nicht alle Träume wahr werden konnten und manche Idole ihren Glanz einbüßten, empfand Adel immer wieder Loyalität gegenüber seiner Wahlheimat, schätzte die Solidarität unter den Menschen, war selbst geschätzt, auch von offizieller Seite, die über seine kritische Haltung nachzudenken gezwungen war und ihm hohe Auszeichnungen nicht verwehrte. Adel Karasholis Anspruch war von Anfang an: nicht von außen beobachten, sondern mittendrin sein und wirken. Die Integration schien gelungen.

Adel Karasholi mit Mahmud Darwisch in Amman 2007

Die Kunst, Meridiane zu verknüpfen
Dann 1989 die Wende, noch mehr öffentliche Auftritte für Adel, noch mehr Übersetzungsaufträge und Buchlesungen für Regina, und später dann ein Ortswechsel vor die Tore von Leipzig, in ein eigenes Haus in der Nähe von Kindern und Enkeln. Aber auch in Damaskus eine Wohnung, eine syrische Familie, eine erste und eine zweite Heimat für zwei Menschen mit zwei Kulturen im Herzen.

Schöne neue Freiheit. Und doch wieder aufbrechende Fremdheit: „Ausländer raus!" Adels Reaktion in seinem Essay „Rhapsodie in Grau" 1991: „Was hilft es, wenn ich dem jungen Mann, der mir ins Gemüt schreit ‚Ausländer raus', sage, dass ich doch länger als er in dieser Stadt lebe und dass ich seine Deutschen Goethe und Heine, Hegel und Bach, Hinz und Kunz, wie sie auch alle heißen, vielleicht ein wenig besser kenne als er! Er schreit mir trotzdem ins Gemüt: ‚Ausländer raus', und ich bastle noch für ihn Entschuldigungen, um nicht wahnsinnig zu werden: Unwissenheit, sage ich, und Provinzialismus vielleicht, und Arbeitslosigkeit, und sensationelle Fernsehsendungen, die Einschaltquoten erhöhen und Misstrauen schüren."
Reginas Besuche in der arabischen Welt verliefen ungetrübt von solchen Zerreißproben. Adels eher konservativ eingestellte Familie hatte sie überaus herzlich und tolerant aufgenommen. In den 60er und 70er Jahren, als man noch kaum erwartete, dass sich eine Europäerin um die Verständigung in arabischer Sprache bemühte, wurde ihr jedes neue Wort mit Freude honoriert. Nach ihrer Promotion über arabisches Theater besuchte sie gemeinsam mit Adel die legendären Theaterfestivals in Damaskus, Kairo und Tunis. Die damals entstandenen Freundschaften zu Intellektuellen und Künstlern haben die Jahrzehnte überdauert. Regina fühlt sich als „Umm Suleiman" in ihren arabischen Verwandten- und Freundeskreisen fest integriert und als eine der ihren behandelt.
Für beide ist die andere Welt eigentlich keine andere Welt mehr. Beide verstehen die andere Welt und produzieren sie kreativ in ihrer Kunst. Adel dichtet seinen deutschen Alltag und seine universellen Befindlichkeiten, in arabischer und deutscher Welt

geformt. Auf Lesungen begeistert seine sonore Stimme mit geistreichen Wortspielen und philosophierenden Gedankengängen, aber auch mit dem Charme des Alltags und einer gehörigen Portion Humor.
Für Regina bedeutet „Übersetzen" sich in „den anderen hineinversetzen", voller Empathie und milder Weisheit. So vermag sie es dank ihres brillanten Ausdrucksvermögens, jede Stimmung, jede Absicht darzustellen, als sei sie genau in diesem Moment erstmals formuliert und nicht etwa „bloß" nachgeahmt. In Lesungen bildet sie eine Einheit mit dem Autor und vermittelt Welten, die ansonsten auf Außenstehende fremd und verschlossen wirken.

Regina ist privilegiert im Vergleich zu vielen Frauen, die nicht die Sprache ihres Mannes verstehen. Und Sprache bedeutet nicht nur Worte, sondern Assoziationen, Erinnerungen, ja ganze Bewusstseinsströme, getragen von Geräuschen und Gerüchen bis hin zu Gewohnheiten und Gedankengängen. Und sie kann auch die Heimat ihres Mannes erleben, in ihr leben. Eine west-östliche Heimat, um mit Goethe zu sprechen, ein west-östlicher Diwan, der Reflexionen zu Gehör bringt, die nicht nur in Leipzig und Damaskus geboren wurden, sondern auch in Metropolen und Künstlerarenen wie Kairo, Sana oder Karthago, in Toronto, Helsinki und Lissabon.
Bekannte Namen haben sie beide: Karasholi und Karachouli. Sie

Regina und Adel mit Tayyib Salih im Haus des Buches 1999

Regina und Adel mit Baha Taher im Haus des Buches 2012

sind miteinander verheiratet, doch unter abweichenden Namensschreibungen, zumindest könnte bei alphabetischen Sortierungen noch jemand zwischen dem c und s von chouli und sholi stehen. Eine Kuriosität: in einem Jahr erschienen im Münchener A 1 Verlag zwei Bücher, ein Gedichtband von Adel und ein von Regina übersetzter Erzählband unter zwei verschiedenen Familiennamen. Die Ursache dieser Differenzierung – eine rätselhafte Behördenentscheidung. Adels Pass mit der englischen Namensschreibung Karasholi war abgelaufen. Zur Verlängerung musste er ihn nach Prag senden, denn in der DDR gab es damals keine syrische Botschaft. Stattdessen aber stellte man ihm einen neuen aus, diesmal mit der französischen Schreibung: Karachouli. Unter diesem Namen haben sie geheiratet, und alle amtlichen Dokumente wurden fortan so ausgestellt. Da Adel aber bereits unter „Karasholi" als Dichter bekannt war und publiziert hatte, behielt er diese Schreibung für seine Werke bei.

Eine Frage, die viele bewegt, die einen Menschen aus einer fernen Kultur lieben: Werden wir für immer zusammenbleiben können, wo doch dann jeweils einer von uns beiden in der Fremde leben muss? Ich wage diese Frage Adel und Regina zu stellen – nach dreißig Jahren, die wir uns nun schon kennen. Damals, als ich bei ihnen Übersetzen lernte und so viel über die arabische Literatur erfuhr, war mir dieser skeptische Gedanke nie gekommen. Im Gegenteil, man fand so eine Umarmung der Meridiane einfach wunderbar. Sie entsprach dem eigenen Fernweh, das damals nicht gestillt werden konnte. Inzwischen sind dem Entdeckerdrang fast keine Grenzen mehr gesetzt. Inzwischen haben es nicht wenige Regina und Adel gleichgetan, aber oftmals weniger beständig. Deutsche Mädchen und Frauen erschlossen sogar den Islam für sich, manche mit viel Ernst und Erfüllung, andere nur vorübergehend, bis sie schmerzlich erfahren mussten, dass die Brücken zwischen den Meridianen auf Sand gebaut oder nicht stabil genug waren, um gegenseitige Annäherung, Austausch oder gar das Aufgehen im Anderen zu ermöglichen.

Adel und Regina schwören darauf, allen Problemen zum Trotz nicht gleich aufzugeben. Gegensätze ziehen sich an, sagen sie,

Regina mit der palästinensischen Schriftstellerin Sahar Khalifa in Amman 2007

den Kitt aber bilden die Gemeinsamkeiten. Der gemeinsame feste Glaube an die „liebende Kommunikation zwischen Menschen und Kulturen", wie Adel bekennt.

Umarmung der Meridiane

Hin und her.
Her und hin.
Wo bin ich zu Haus?
In zwei Sprachen bildet sich der Satz.
In zwei Welten greifen die Hände.
Im Traum spricht in Deutsch mit mir die Mutter,
In Arabisch mein sächsisch Weib.
Von Meridian zu Meridian
Leichtfüßig springen meine Träume,
Weiten sich aus meines Baumes Zweige.
Und jede Blüte trägt die Tätowierung
Altvertrauter Sonnenkarawanen,
Die durchpulsen meines Baumes Adern.

Ach,
Meridiane, ihr
Zweige von Eichen und
Von Olivenbäumen
Umarmt euch fester
Und fester
In mir.
(1977)

Zum Weiterlesen:

Adel Karasholi
Gedichtbände in deutscher Sprache (Auswahl):
Wie Seide aus Damaskus. Volk und Welt Verlag, Berlin 1968.
Umarmung der Meridiane. Mitteldeutscher Verlag, Halle 1978.

Daheim in der Fremde. Mitteldeutscher Verlag, Halle 1984.
Wenn Damaskus nicht wäre. A1 Verlag, München 1992, 3. Auflage 2009.
Also sprach Abdulla. A1 Verlag, München 1995, 3. Auflage 2006.

Übersetzungen aus dem Arabischen ins Deutsche und umgekehrt (Auswahl):
Wo du warst und wo du bist. Gedichte von Mahmud Darwish. A1 Verlag, München 2004.
Darwish,Mahmud: Der Würfelspieler. A1 Verlag München, 2009.

Regina Karachouli
Übersetzungen (Auswahl):
Humaidan, Iman: Andere Leben, Lenos Verlag, Basel 2013.
Khalifa, Sahar: Das Tor. Unionsverlag, Zürich 1994, 1996, 2004.
Khalifa, Sahar: Das Erbe. Unionsverlag, Zürich 2002, 2003, 2004.
Khalifa, Sahar: Die Verheißung. Unionsverlag, Zürich 2004, 2007.
Khalifa, Sahar: Heißer Frühling. Unionsverlag, Zürich 2008, 2010.
Mamduch, Alia: Mottenkugeln. Roman aus dem Irak. Lenos Verlag, Basel 1998, 2001.
Mamduch, Alia: Die Leidenschaft. Roman aus dem Irak. Lenos Verlag, Basel 2004.
Mina, Hanna: Sonne an bewölktem Tag. Roman aus Syrien. Lenos Verlag, Basel 2003.
Mosbahi, Hassouna: Der grüne Esel. Tunesische Erzählungen. A 1 Verlag, München 1996, 1999.
Mosbahi, Hassouna: Rückkehr nach Tarschisch. A1 Verlag, München 2000,.
Mussa, Sabri: Wüstenwölfe. Reclam Verlag, Leipzig 1991.
Mussa, Sabri: Saat des Verderbens. Lenos Verlag, Basel 2003.
Mussa, Sabri: Affäre halber Meter. Eine ägyptische Liebesgeschichte. Lenos Verlag, Basel 2004.
Rifaat, Alifa: Die Mädchen von Burdain. Unionsverlag, Zürich 1995.
Salich, Tajjib: Zeit der Nordwanderung. Roman aus dem Sudan. Lenos Verlag, Basel 1998, 2001, 2010.
Salich, Tajjib: Bandarschâh. Roman aus dem Sudan. Lenos Verlag, Basel 2001.
Salich, Tajjib: Sains Hochzeit. Roman aus dem Sudan. Lenos Verlag, Basel 2004.

Salich, Tajjib: Eine Handvoll Datteln. Erzählungen aus dem Sudan. Lenos Verlag, Basel 2000.
Salich, Tajjib: So, meine Herren. Sämtliche Erzählungen. Lenos Verlag, Basel 2009.
Selmi, Habib: Bajjas Liebhaber. Roman aus Tunesien. Lenos Verlag, Basel 2006.
Selmi, Habib: Meine Zeit mit Marie-Claire. Lenos Verlag, Basel 2010
Siris, Nihad: Ali Hassans Intrige. Roman aus Syrien. Lenos Verlag, Basel 2008, 2012.
Taher, Baha: Die Oase. Unionsverlag, Zürich 2011.

---

[1] Nachwort zu „Wie Seide aus Damaskus"

[2] Die zitierten Gedichte sind verschiedenen Bänden entnommen, die am Ende des Artikels aufgeführt werden.

[3] Hanna Mina: Sonne an bewölktem Tag. Lenos Verlag, Basel 2003, S. 98, 100. Aus dem Arabischen übersetzt von Regina Karachouli.

[4] Hassouna Mosbahi: Rückkehr nach Tarschisch. A1 Verlag, München 2000, S. 18 f. Aus dem Arabischen übersetzt von Regina Karachouli.

[5] Der Ausdruck „Weltensammler" stammt von Ilja Trojanow, der mit seinem gleichnamigen Roman über Richard Burton eine magische Identitätssuche quer durch schwarzafrikanische, arabische und indische Kulturen nacherlebbar macht.

[6] Hassouna Mosbahi: Rückkehr nach Tarschisch. A1 Verlag, München 2000, S. 154. Aus dem Arabischen übersetzt von Regina Karachouli.

[7] Taher, Baha: Die Oase. Unionsverlag, Zürich 2011, S. 58. Aus dem Arabischen übersetzt von Regina Karachouli.

Alexander Djacenko

Eine deutsche Mutter flieht mit ihren Kindern vor dem Krieg im Irak

Im Oktober 2012 kam sie nach Leipzig. Amil, die mit ihrem Bruder und ihren deutsch-irakischen Eltern im Irak gelebt hat, bis sie neunzehn Jahre alt war. Mittlerweile ist sie fast dreißig. Ich frage sie nach ihren Kindheitserinnerungen.

Deutlich sehe ich sie vor mir: ein kleines Mädchen auf der Straße. Die Hände stecken in Handschuhen, die man erst wahrnimmt, wenn man sich auf das Spiel einlässt. Ballstafetten der Jungen und der aufmerksame Blick der kleinen Torhüterin. Das Tor ist die Einfahrt zum Haus der Großeltern. Die Türflügel sind schwarz lackiert. Gleich nebenan das Elternhaus. Beide Grundstücke sind durch einen offenen Durchgang verbunden. Betritt man das großelterliche Haus, steht man sofort in der riesigen Küche mit den großen Fliesen. In der Mitte des Raumes der Abfluss für das Putzwasser.
Der Ball zischt an dem kleinen Mädchen vorbei, und das Geräusch rennt die Straße entlang. Oft wird der Ball zu scharf geschossen. Amil ist vielleicht sieben oder acht Jahre alt. Sie ist das einzige Mädchen, das hier Fußball spielt. Sie ist auch das einzige Mädchen, das mit den Jungen Murmeln spielt. Sie hat eine deutsche Mutter und lebt in Bagdad. Es ist das Jahr 1992.

Manchmal trifft der Ball die Hände. Dann zieht sich das Gesicht schmerzverzerrt zusammen, schaut grimmig und schüttelt die Tränen ab. Die Hände sind rot und sehen aus wie die Gesichter der Frauen, die sich geißeln, weil Hassan und Hussein gestorben sind. Aber das ist eine andere Geschichte.

Amil spielt den Ball zurück. Besonders problematisch sind die flach geschossenen Bälle. Der Asphalt unter den Füßen bröckelt, die Straße ist wellig. Manche Löcher sind groß genug, dass Amil überlegt, sich in ihnen zu verstecken, sollten sie noch weiter wachsen. Auch die Autos haben dort Probleme. Autos und Kinder kennen sich, langsam schleichen die Kolosse vorbei, die Kinder machen eine Pause und schauen fasziniert zu. Wenn zwei Wagen versuchen aneinander vorbeizukommen, wird es eng.

Offenbar gibt es hier viele Katzen, aber erst zwei besonders abgemagerte Gesellen haben sich gezeigt. Sie wurden mit lauten Gesten von den Buben gejagt und vertrieben. Da drüben passiert ein Hund die Kreuzung und läuft die Straße hinunter zum „Bustan". Dieser Palmenhain ist Privatbesitz und deshalb von Mauern und Zäunen geschützt. Natürlich stellen diese kein Hindernis für die Mutigen dar, und regelmäßig machen Gerüchte von gestohlenen Datteln unter den Kindern die Runde …

Ein Jahr zuvor tobte der zweite Golfkrieg. Erst besetzte Irak Kuwait, dann intervenierten die USA mit ihren 33 Verbündeten und bombardierten sieben Wochen lang Bagdad … CNN bei jedem Luftangriff live dabei: Krieg in Echtzeit …Von 35.000 zivilen Opfern sprechen später die Statistiken. Bagdad in Trümmern …

Amil ist in Bagdad geboren. Noch interessiert sie sich mehr für die Vögel. Es gibt viele Vögel, die meisten sind Tauben, die auf den flachen Dächern der Häuser gezüchtet werden. Es gibt auch Singvögel. Sehr selten entdeckt man einen mit buntem Federkleid, kleinen Farbtupfern an den Schwingen oder am Kopf. Ansonsten ist die Farbgebung eher taubig, grau und weiß-grau. Vorsichtig muss man vor allem mit dem Putz der Häuser sein, er ist aggressiv zu Kleidung und Haut. Auf den Dächern stehen neben Taubenkäfigen auch eckige Fässer aus Blech mit einer runden Öffnung. Läuft Wasser, werden sie über Pumpen gefüllt. Läuft es nicht, werden sie über Pumpen entleert und zum Duschen benutzt. Gibt es lange Zeit kein Trinkwasser, so kocht man einfach das Wasser aus den Fässern ab. Aber das kommt nicht ganz so oft vor …

Amils Großmutter hat einen besonderen Beruf. Die Leute können sie buchen, damit sie an Festtagen Gedichte und Gesänge über Hassan und Hussein vorträgt. Die Schiiten verehren jene beiden Brüder, die als Enkel des Propheten Muhammad dennoch nicht das Kalifat übernehmen durften. Schon deren Vater Ali war seinem Widersacher Umar unterlegen gewesen und nicht Kalif geworden. Hussain fiel schließlich im Kampf gegen seine sunnitischen Rivalen im Jahre 680 beim Ort Kerbala, wo heute eine vollständig mit Gold bedeckte 27 m hohe Kuppel das Mausoleum dieses Märtyrers krönt. Die Erinnerung an jene Ereignisse lebt Jahr um Jahr während der zehntägigen Passionsspiele auf, bei denen sich die Teilnehmer mit den Fäusten oder mit Ketten auf die Brust schlagen. Die blutigen Bilder werden auch in den westlichen Medien übertragen.

Die kleine Amil ist immer dabei. In dieser Zeit trägt sie ein feines schwarzes Gewand und begleitet ihre Großmutter zu ihren Auftritten, wo sie das Einsammeln der Gaben übernimmt. Sie verstaut Geld, Kerzen und Süßigkeiten in einem großen Beutel. Manchmal hört sie Klageschreie. Dann wagt sie einen scheuen Blick auf die Frauen, die gemeinsam in der Stube sitzen und sich geißeln. Sie sieht in schmerzverzerrte rote Gesichter. „Meine Oma wollte immer, dass ich ihre Nachfolgerin werde", sagt Amil heute. Daraus ist nichts geworden. Aber immerhin hat sie die Feste in guter Erinnerung. „Heute bin ich gläubiger als früher", stellt sie fest. „In die Moschee gehen wir selten, aber je länger ich in Deutschland bin, desto mehr Halt gibt mir der Glaube." Sie sei zwar frommer geworden, gleichzeitig aber auch viel toleranter. Ihren Glauben beschreibt sie mit einfachen Worten: „Gott existiert und Ali ist mir wichtiger als Umar, aber ich respektiere sowohl Schiiten als auch Sunniten, einen Religionszwang lehne ich ab. Ich habe nichts gegen den Iran und nichts gegen die USA. Nur Atheisten sind mir fremd. Die gab es in meinem Umfeld nicht, zumindest hat niemand darüber gesprochen." Beim Wort „Atheisten" lacht sie und schaut mich unsicher an. „Ich gewöhne mich daran", meint sie dann.

„Ist das deine älteste Kindheitserinnerung?", frage ich sie. Amil lacht. „Das kann eigentlich nicht sein", antwortet sie und überlegt.

1987. Ein kleines Mädchen tanzt durch den Garten. Sonnenverbranntes Gras. Platz für zwei Autos, zwei Orangenbäume und einen Bitterorangenbaum, auch Pomeranzenbaum genannt, dessen Früchte Zitronen ähneln. Das Wort dafür hatten die Spanier in Andalusien von den Arabern übernommen, wir haben daraus Orange gemacht. Vor dem Küchenfenster steht eine Schaukel, aber im Moment sind die Lichter am Himmel interessanter. Ein buntes Feuerwerk. Dies ist eine der glücklichsten Phasen im Leben der kleinen Amil. Die Familie verbringt viel Zeit zusammen. Amil und ihr drei Jahre älterer Bruder lauschen den Geschichten des Onkels. Wunderbare Witze kann der Onkel erzählen. Manchmal gibt es Strom, aber Amil mag das Flackern von Kerzenlicht. Es ist auch schön, wenn die Mutter die Gaslampen entzündet und sich das Licht im Zimmer bewegt. Das Mädchen ist fast vier Jahre alt, der Bruder ist vor kurzem eingeschult worden, und es hat Ärger gegeben. Er hat eine Schultüte bekommen, voller Zuckerware. Amil dreht sich um und betrachtet grollend die Mutter, eine Zuckertüte will sie auch. Heute erinnert sie sich, dass sie zu weinen begann und daraufhin auch eine Tüte mit all den wunderbaren Köstlichkeiten bekam …, und lacht. „Sie haben sehr viel mit uns gespielt in diesen Jahren und ich mochte die Lichter am Himmel", sagt Amil und schweigt …

1988 war das Jahr, in dem der erste Golfkrieg zu Ende ging. Acht Jahre hatte er zwischen dem Iran und dem Irak getobt und entsetzlich

Amil vor ihrer Grundschule anlässlich der Einschulung ihres Bruders im Oktober 1987

viele Opfer gekostet. Noch heute wird die Zahl der nicht beseitigten Minen aus diesem Krieg auf eine zweistellige Millionenhöhe geschätzt.
„Jene Zuckertüte ist meine älteste Erinnerung", sagt sie und lacht wieder.

Amil ist in Bagdad zur Welt gekommen, der Bruder drei Jahre zuvor in Erfurt. Amils Mutter ist Deutsche, der Vater Iraker. Nach der Geburt des Bruders zieht die Mutter in den Irak. Das war 1981.
Als Amil eingeschult wird, bekommt sie zum zweiten Mal eine Schultüte. Die Grundschule ist nicht weit entfernt: nur zwei Minuten zu Fuß. Es gibt sechs Klassen, und jede Klasse hat ihren Klassenraum. Mädchen und Jungen haben gemeinsam Unterricht. Für eine kurze Zeit in der fünften oder sechsten Klasse gibt es einen Lehrer, ansonsten nur Lehrerinnen. Die Tür des Klassenraums ist aus Eisen. Überall Schrammen und Rost an den Rändern. Ein großer Rostfleck leicht rechts von der Türmitte. Manchmal steht das kleine Mädchen vor diesem Fleck und schaut ihn an, ob er wächst? Vielleicht muss man ihm Wasser geben, wie den Pflanzen im Garten. Ganz sicher muss man das, denkt sich das Mädchen und huscht in den Klassenraum.
Über der Tafel hängt ein Bild von Saddam Hussein. Es verbreitet Glanz. Nicht zuletzt wegen des Kontrastes zum katastrophalen Zustand der Tafel. Diese hat Löcher, und wenn man genau hinschaut, sieht man, dass immer wieder ein Stückchen von der Oberfläche abblättert, wenn die Kreide der Lehrerin darüberkratzt. Mit den Schulbänken muss man besonders vorsichtig sein. Zwei Kinder auf einer Bank, die vorn in einen Schultisch übergeht. Die Bretter sind mit Nägeln zusammengehalten, die an einigen Stellen oben und unten aus dem Holz ragen. Ähnlich gefährlich wie der Häuserputz. Bevor sich das Mädchen auf einer Bank niederlässt, sucht sie mit Kennerblick die geeignetste Stelle. Die Tischplatte ist ziemlich wellig und piekt an manchen Stellen wie Nadeln.

Die Schule hat nur ein Stockwerk und ist gebaut wie ein rechteckiges U um einen Innenhof. Es gibt sechs Klassenräume

Amil mit der ganzen Klasse und ihren Lehrerinnen zur Abschlussfeier von der 6. Klasse im Jahr 1995

und einen Raum für die Lehrerinnen, zwei Räume für Material und ein Direktorenzimmer. In der Mitte des Hofes weht die irakische Flagge. Nur die Sechstklässler dürfen die Flagge hissen. Jeden Donnerstag, wenn sich die Schüler aufreihen und die Nationalhymne schmettern. Zu besonderen Anlässen hört man hier auch andere Gesänge oder Gedichte. Die Hymne gibt es noch heute, die Fahne auch, nur die Sterne sind verbannt worden ...
„Da ist noch etwas", sagt Amil. „Mein erster Schultag."

Die kleine Amil sitzt schon seit Tagen zu Hause und übt mit ihrem Vater Mathematik in ihrem neuen Schulbuch. Bald ist es so weit, und sowohl sie als auch ihr Vater möchten, dass Amil endlich die Äpfel zählen kann, die auf Seite drei abgebildet sind. Dann beginnt die Schule und Amil führt der Lehrerin vor, was sie schon alles gelernt hat. Nie wird sie vergessen, wie enttäuscht die Lehrerin von ihr ist. Auch später gibt es Probleme mit einer Lehrerin. In den Schulferien lernen nämlich Amil und ihr Bruder, wie man die Sprache der Mutter schreibt, die Sprache, die im Elternhaus gesprochen wird. Jetzt heißt es, den Stift von links nach rechts bewegen. Dass sich dann Arabisch nicht mehr so flüssig von rechts nach links schreiben lässt, verwundert nicht.

Also lädt die Lehrerin zum Gespräch. Danach schreiben die Kinder nicht mehr auf Deutsch. Amil muss es erneut lernen, als sie 2003 mit ihrer Mutter und ihrem Bruder aus Bagdad flüchtet. Immerhin spricht sie Deutsch, wenn auch mit einem Akzent und nicht perfekt, so doch zumindest fließend. Ihr Bruder und sie haben die Sprache oft benutzt, wenn es um Geheimes ging, das von den anderen nicht verstanden werden sollte …

„Im Irak war es leichter als in Deutschland", sagt Amil heute. „Hier spielt der kulturelle Unterschied ständig eine Rolle. Oft erlebe ich, dass mich die Leute zuerst für eine Spanierin halten, und wenn ich dann sage, dass ich aus dem Irak komme, baut sich eine Barriere auf und sie verlieren das Interesse." – Ich selbst habe einen osteuropäischen Nachnamen, der dazu geführt hat, dass ich an einer Westberliner Schule Vorträge über Russland und Litauen halten sollte. Ich spreche kein Russisch, kein Litauisch, war nie in diesen Ländern und mein Großvater, der mir den wunderschönen Namen geschenkt hat, ist zehn Jahre vor meiner Geburt gestorben. „Gab es diese Fragen auch im Irak?", möchte ich von ihr wissen. „Ich kann mich nicht daran erinnern", sagt sie heute.

Ein paar Hinweise auf Identitätsprobleme gibt es in ihren Erzählungen dennoch. Ihr Bruder wird von den anderen Jungen auf der Straße oft Ahmed Almani („Deutscher Ahmed") genannt. Er findet das nicht weiter schlimm. Auch Amil ist bisweilen Amil Germany. Manchmal wollen die Nachbarn wissen, wie die Mutter in Deutschland gelebt hat, aber das steht nicht im Vordergrund. Die meisten Nachbarn finden es mutig und gut, dass die Mutter ihr Land verlassen hat, um einem Iraker in seine Heimat zu folgen. Der Kulturunterschied offenbart sich eher, wenn das kleine Mädchen in den Anfangsjahren für die Mutter dolmetscht. Auf dem Markt oder innerhalb der Familie. Die Menschen auf der Straße verbinden mit Deutschland Autos, Berlin und einige Fußballvereine. Aus diesem Grund auch immer wieder die Frage: „Denkst du, wir sind so fortschrittlich wie die Ausländer?"…
Da fällt ihr noch etwas ein: „Wir haben viele Witze über Kurden erzählt."
„Und Witze über Israelis?", frage ich sie.

„Nein, das weniger."

Ab der sechsten Klasse nimmt Amil im Sportunterricht an Waffenübungen teil, im ersten Jahr lernen die Jungen und Mädchen, wie man eine Waffe handhabt und wie man über den Boden robbt, um sich einem imaginären Feind zu nähern. Danach gibt es Schulen für Knaben und Schulen für Mädchen und für weitere drei Jahre militärische Übungen. Es geht um Israel und die Befreiung Palästinas, sollte es zum Krieg kommen. Die Kinder sind bereit. Sie singen Lieder über die glorreichen Taten der Zukunft …

Amils Eltern hatten sich im Osten des geteilten Berlins Ende der siebziger Jahre kennengelernt. Die Mutter lebte eigentlich in Erfurt. Dort arbeitete sie als Verkäuferin in der Stoffabteilung des Kaufhauses, wo auch die Großmutter tätig war. Ab und zu fuhr man nach Berlin. Der Cousin war mit von der Partie. In der Lobby eines Hotels kam irgendwann ein Mann auf sie zu und fragte nach ihrer Telefonnummer. Die junge Frau verhielt sich zunächst ablehnend, erlag aber schließlich doch dem Charme jenes Mannes und gab ihm einen Namen und eine Adresse, an die er schreiben sollte. Ein Telefon hatte zu jener Zeit nicht jeder. Sie erfuhr, dass er Iraker sei und Ingenieurwissenschaften in Gotha studiere. Eisenbahningenieur wollte er werden. Viele Iraker gingen in diesen Jahren ins Ausland und studierten in Deutschland, in England, in Wales. Bald kam der erste Brief von ihm.

Als Amil 2003 mit ihrer Mutter und ihrem Bruder die Familie im Irak verlässt, gibt ihr der Vater ein dickes Arabisch-Deutsch-Wörterbuch. „Nimm es mit", sagt er, „falls du es brauchen kannst." Möglicherweise hatte er es selber damals in Gotha benutzt, als er die Briefe an Amils Mutter verfasste.

Es gibt aus der Studienzeit des Vaters noch einige Schmierzettel, vergilbtes Papier, ein paar arabische Wörter und einige deutsche Übersetzungen. Die Briefe sind verschollen, sie gehen auch niemanden etwas an. Nach monatelangem Briefwechsel besuchte er sie in Erfurt, später fuhr sie ins nahe Gotha. Irgendwann dazwischen begann jene Liebesgeschichte. Amils Bruder kam noch in Deutschland zur Welt, in Erfurt. „Er ist eine Erfurter Puffbohne", sagt Amil. Sie nennt ihn noch heute so. Die Puffbohne ist ein Stadtmaskottchen, denn seit dem Mittelalter war sie die Taschennahrung vieler Erfurter, verewigt 1873 in dem „Erfurter Gärtnerlied" von Wilhelm Schütz: „Nur in Erfurt ist gut wohnen; aber wisst Ihr auch – warum? Rings um Erfurt blüh'n Puffbohnen; unser Stolz und Gaudium. Fragt in Pommern, fragt in Schwaben, solche Bohnen sie nicht haben." Im Irak aber gibt es solche Puffbohnen. Jeden Freitag essen Vater und Tochter diese mit Brot, Ei, Zwiebeln und Salz.

Warum der Vater wieder in den Irak gegangen ist und nicht zurückkam, weiß Amil nicht, auch nicht, ob er bei der Geburt des Bruders dabei war. Man hatte noch in Deutschland geheiratet, während unterdessen im Irak der ersten Golfkrieg, der Krieg mit dem Iran, ausgebrochen war. Der Onkel ist Major in der irakischen Armee und sorgt dafür, dass sein Bruder nicht an die Front muss, sondern seinen Dienst in einem Waffenlager verrichten kann. Nach dem dritten Golfkrieg wird dieser Onkel von ehemaligen Untergebenen auf seinem Landgrundstück erschossen werden. Über die Motive kann man nur mutmaßen. Sicherlich keine Glaubensfragen, obwohl diese im Allgemeinen immer wieder ins Feld geführt werden. Amils Familie ist schiitisch, so wie mehr als die Hälfte der Iraker. Rund ein Drittel sind Sunniten, hinzu kommen etwa fünf Prozent Christen sowie Mandäer und andere Konfessionen. Auch ethnisch ist der Irak sehr vielfältig. Es gibt Araber und Kurden, Turkmenen und Assyrer. Saddam Husseins Irak war vor allem von Sunniten geprägt, während der mehrheitlich von Schiiten bewohnte Iran von einem Ayatollah regiert wurde. Nicht jeder Konflikt im Irak ist religiös bedingt, aber wie in vielen Teilen der Welt wird auch hier die Religion benutzt, um Menschen für Ziele zu emotionalisieren, die im Grunde wenig oder gar nichts mit Glaubensfragen zu tun haben …

Zurück ins Jahr 1981. Vater und Mutter telefonieren miteinander. Die Situation ist angespannt: Entweder kommt sie in den Irak zu ihm, oder sie bleibt in Deutschland, er kann nicht mehr kommen. Die Mutter gibt ihre Arbeit auf, packt die wichtigsten Dinge ein, meldet den Sohn aus der Erfurter Krippe ab und fliegt mit ihm in den Irak. Vorausgegangen sind zahlreiche Formalitäten. Amil weiß nicht, wie es die Mutter damals geschafft hat, in den Irak auszuwandern. Später heiraten die Eltern ein zweites Mal: in Bagdad, muslimisch. Amils Mutter ist eigentlich evangelisch erzogen worden ...

1984 kommt Amil in Bagdad zur Welt. Vier Jahre später ist der Krieg endlich vorbei, doch der Vater findet keine Anstellung als Eisenbahningenieur. Er kauft sich einen orange-weißen Toyota Corona, wird Taxifahrer und bleibt dabei. Die kleine Amil hilft in den Sommermonaten den Motor zu kühlen, wenn der Vater nach Hause kommt. Sie schaut dabei zu, wie die Reifen gewechselt werden, und krabbelt über die Vorder- und Hintersitze. Dieses mittlerweile taxi-weiß lackierte Auto ist eine weitere glückliche Erfahrung.

Nach dem Abitur beginnt Amil ihr Studium der Sprachwissenschaften an der Universität Bagdad. Englisch, Deutsch und Arabisch sind ihre Fächer. Doch plötzlich wird sie aus der vertrauten Welt herausgerissen. Sie erinnert sich noch genau an den Moment, als die Mutter sie auf dem Korridor anhält und ihr sagt, dass sie den Irak verlassen will. Es ist Anfang 2003. Der dritte Golfkrieg scheint unmittelbar bevorzustehen. In Bagdad macht sich Angst breit.

In der Heimat der Mutter verfolgt man besorgt die Nachrichten. In Leipzig hatte man schon vorher gewarnt, protestiert, sich jeden Montag zu Friedensgebeten in der Nikolaikirche getroffen. Bunte Fahnen mit der Aufschrift „Pace" werden auf den Demonstrationen geschwenkt, hängen an Leipzigs Fenstern. Vergebens.

In den USA derweil eine Massenhysterie: Der Irak wolle die USA überfallen. Im März gibt es dann wieder mal „Krieg in Echtzeit". Die Bombardierung Iraks beginnt. Woche um Woche Bilder aus dem brennenden Bagdad. Am 1. Mai schließlich verkündet George W. Bush auf dem Flugzeugträger „Abraham Lincoln" vor aller Welt das erfolgreiche Ende der Irak-Mission: „Mission accomplished". Was für eine Mission? Die genannten Kriegsgründe sind historisch widerlegt, da im Irak weder Massenvernichtungsmittel noch Beweise akuter Angriffsabsichten gefunden wurden.

Aber nun sind im Irak amerikanische Truppen stationiert. Und immer wieder sterben deutlich mehr Menschen als während der Kampfhandlungen. Das Land ist in einen Bürgerkrieg gestürzt worden: Entführungen … Bombenanschläge … Angst, auf die Straße zu gehen. „Wenn die den Irak bombardieren, dann brennt der ganze Globus!", hatte ein erregter Leipziger auf einer öffentlichen Diskussion in der „Alten Börse" im Vorfeld des Krieges gerufen. Mittlerweile schwelt es nicht mehr nur, es brennt an vielen Stellen der Region.

Es dauert ungefähr ein halbes Jahr, bis die Familie die Papiere zusammenhat. Vor allem in Amils Fall war das nicht einfach, weil sie im Irak geboren wurde. Doch die Mutter hat endgültig genug vom Krieg, genug von den Ängsten. Weder Strom noch Wasser, weder Essen noch Medikamente. Die Schwester eines in Leipzig studierenden Irakers arbeitet als Ärztin in Bagdad. „Wie in einer Hexenküche", berichtet er. „Sie machen aus Dreck Medizin."

Unterdessen lernt Amil bei Kerzenlicht, an den Fenstern sind wieder mal von innen Matratzen angebracht. Als Schutz vor den Splittern, wenn erneut Bomben in der Nähe detonieren und die Fensterscheiben bersten. Blut und Körperteile liegen herum. Jeder, der im Irak lebt, hat solche Bilder im Kopf. Auch Amil verfolgen sie bis heute …

Die Entscheidung, mit der Mutter den Irak zu verlassen, ist ihr nicht leicht gefallen. Die Mutter sagt: „Wir sterben und leben zusammen." Ob die Kinder wirklich eine Wahl hatten? Der Vater bleibt zurück. Um vier Uhr morgens verlassen Amil und ihre Familie das Elternhaus. Mittlerweile ist September. Der Vater leiht sich einen Jeep und einen Fahrer, und sie brechen auf: Richtung Jordanien, mit dem Ziel Amman. 800 Kilometer liegen vor ihnen, die meisten davon führen durch die Wüste. Es kursieren Geschichten von Mordanschlägen und Raubüberfällen. Die Wüste soll gefährlich sein. Aber sie schaffen es. In Amman warten schon in der deutschen Botschaft schon die nötigen Dokumente. Es dauert noch eine Woche, bis die drei von dort über Zypern nach Deutschland fliegen und der Vater zurück nach Bagdad fährt. Bei der Verabschiedung sieht Amil ihren Vater zum ersten Mal weinen. Noch knapp ein Jahr gibt es Telefongespräche zwischen Erfurt und Bagdad, dann bricht der Kontakt ab. Seit 2004 herrscht Schweigen – der Vater gilt als verschollen. „Wenn ich von Freunden in Deutschland höre, wie schlecht es ihnen geht, wie perspektivlos sie sind, dass sie über Selbstmord nachdenken, dann empfinde ich Wut. Für mich sind dies Banalitäten", sagt Amil. Ihre Realität ist eine andere.

„Es war schwierig in Deutschland." Diesen Satz möchte ich schreiben und stehen lassen …

Ein Onkel von Amil lebt heute in Amerika, er ist in den 70er Jahren dorthin emigriert, verheiratet, hat zwei Kinder. Ein weiterer Onkel lebte ab 2001 in Bulgarien. Zwei Jahre, bevor Amil, ihr Bruder und ihre Mutter den Irak verlassen haben, ist er ausgereist. Heute wohnt auch er in Deutschland, in den alten Bundesländern. Amil hat ihn noch nicht gesehen, seit sie hier ist, aber sie telefonieren miteinander …

Zurück in die Kindheit. Amil und ihr Bruder sind in Erfurt zu Besuch. Es ist das Jahr 1988, vielleicht 1989. Sie fassen sich an den Händen und bekommen von der Oma ein Netz und ein paar Münzen. „Geht rüber und kauft Brause." In der Kneipe auf der anderen Straßenseite gibt es wunderbare Fassbrause aus kleinen braunen Glasflaschen, Himbeergeschmack. Die Männer in der Kneipe lachen, wenn Amil und ihr Bruder schüchtern eintreten. Für das kleine Mädchen klingt es nicht freundlich, aber die Brause entschädigt. Auf dem Rückweg rennen sie die Treppen zur Oma hoch und überspringen mehrere Stufen. „Ich muss euch den Mund abwischen", ruft die Oma nach jedem Frühstück. Es gibt Brötchen mit Nudossi. Herrlich, den lockeren, noch warmen Teig mit den bloßen Händen herauszuzupfen und ihn mit

Schokoladencreme zu vermengen, um ihn dann als Kugel oder als weiche Masse auf die Zunge zu legen. Die Mutter frühstückt selten mit ihnen. Meist schläft sie noch, und wenn Amil verlangt, mit der Mutter zu frühstücken, lenkt die Oma einfach ab, nennt Amil ihr kleines Biest und sagt, dass der schwarze Mann gleich kommen werde. Die Kinder schauen ängstlich in Richtung Tür. Es klingelt. Die Kinder laufen zur Tür und erstarren vor Schreck. Da steht er – der schwarze Mann – und wartet. Dann fliegt die Tür zu, und die Kinder rennen schreiend durch die Wohnung. Sie müssen sich verstecken. Der schwarze Mann ist gekommen, wie es die Großmutter immer prophezeit hat ... Ein Mann von oben bis unten schwarz. Solch einen Mann haben sie im Irak nie gesehen, denn da braucht man ihn nicht – den Schornsteinfeger ...

Als Amil dann mit neunzehn Jahren wieder nach Deutschland kommt, gleicht ihr Weg einem Hindernislauf. Sie möchte ihr Studium fortsetzen, aber ihr irakisches Abitur wird nicht anerkannt. Es gäbe zu viel Krieg in der Region, zu viel Unsicherheit. Mit solch einem Hintergrund könne man nicht davon ausgehen, dass eine Schulbildung möglich sei, die den hiesigen Standards

Amil mit ihrer Mutter im Urlaub in Jordanien

entspräche. Eine streitbare Entscheidung. Der Anerkennungsprozess von Amils Abitur hatte sich ohnehin über ein Jahr hingezogen. Nach zwölf Monaten fanden die Behörden heraus, dass große Teile der Unterlagen abhandengekommen waren. Der Antrag musste erneut gestellt werden. Amil beschließt, ihren Schulabschluss nachzuholen, ein deutsches Abitur zu machen. Das Amt schickt sie an eine Schule in Nordhausen, 40 km von Erfurt entfernt. Jeden Tag pendelt sie mehrere Stunden zwischen den beiden Städten.

„Die Ausländer liegen uns Deutschen auf der Tasche." Das hört sie oft. Also begibt sie sich auf die Suche nach Arbeit. Sie geht zum Arbeitsamt und sucht irgendeine Anstellung. Der dort zuständige Sachbearbeiter holt aus seiner Datenbank ein Angebot, das er ihr vermittelt. Er sagt ihr, worum es sich handelt, aber Amil versteht nicht, was er meint. Als sie auf dem Gang des Arbeitsamtes ihrer Mutter von ihrem Erfolg berichtet, lacht diese laut auf und schüttelt den Kopf. Sie weigert sich, ihr zu erzählen, was sie erwartet. „Ich weiß nicht, was das auf Arabisch heißt", sagt sie, „Wir reden zu Hause darüber." Amil nimmt die Chance dennoch an. Die Arbeit ist simpel. Verpacken von Ware. Die Firma heißt Condomi. Über so etwas wurde im Irak nie gesprochen, zumindest nicht in

Amil und Alexander bei Dolmetschübungen

Amils Beisein. Als sie damals von Zypern nach Frankfurt geflogen waren, hatten sie überall Paare gesehen, die sich in aller Öffentlichkeit küssten. Amil fragte sich, wie die Menschen das machen können. Es muss ihnen zumindest sehr peinlich sein, mutmaßte sie damals.

Die Mutter begleitet Amil an ihrem ersten Arbeitstag. Die Kollegen amüsieren sich über sie und erklären, es würden noch Verpacker gesucht. So arbeiten die beiden fortan gemeinsam und verpacken Ware, von deren Existenz Amil nie etwas geahnt hat und wofür sie im Irak sicher scheel angeschaut würde. Später arbeitet Amil für Hungerlöhne in Küchen und Gaststätten. Die Hauptsache ist zunächst die Schule in Nordhausen, dann ein Studium in Jena, auch hier pendelt sie täglich hin und her. Sie erhält einen Bachelor-Abschluss in Arabistik mit dem Ergänzungsfach Interkulturelle Wirtschaftskommunikation. 2012 geht dann ein langgehegter Wunsch in Erfüllung: Sie bekommt einen Studienplatz in Leipzig und widmet sich intensiv den Feinheiten der deutschen und arabischen Sprache, denn sie möchte Dolmetscherin werden. Sie bezieht hier ihre erste Wohnung, in der sie für sich selbst sorgen muss. In Erfurt hatte sie eine Zeitlang auch eine Wohnung, aber das war bürokratische Logik. Das Arbeitsamt hätte ihr Gehalt ansonsten mit den Zuwendungen an ihre Mutter verrechnet und dieser das Arbeitslosengeld drastisch gekürzt. So schliefen die beiden von nun an in unterschiedlichen Wohnungen …

Als Amil ihr Studium in Leipzig beginnt, ist sie 28 Jahre alt. Eine kleine 2-Raum-Wohnung sucht sie, das Bad ist ihr besonders wichtig. In der Nähe der Torgauer Straße wird sie fündig. Das Umfeld gefällt ihr. Ein heimatliches Gefühl, wie sie sagt. Viele Araber und Türken leben hier. Sie entdeckt ein Silbergeschäft, das ihr sehr sympathisch ist, und einen anderen Laden, in dem es Dinge gibt, die sie aus ihrer Kindheit kennt. Es kommt ihr ein bisschen vor wie in einem Viertel in Bagdad, „ein Viertel der Mittelschicht", sagt sie und überlegt weiter: „In Jena und Nordhausen konnte ich nicht in der Gesellschaft untertauchen, einfach mal anonym sein, auch in Erfurt war das schwer. Hier in

Leipzig geht das, das ist sehr angenehm." Die meiste Zeit in Leipzig verbringt sie mit ihrem Studium. Viel von der Stadt gesehen hat sie noch nicht. Das Ägyptische Museum möchte sie unbedingt besuchen. Und wieder regelmäßig Schwimmen gehen, würde sie sich wünschen. In Bagdad war das in ihrer Familie gang und gäbe. Es gab extra Schwimmbäder für Frauen.

Und dann möchte sie eigentlich irgendwann wieder zurück in den Irak. Wenn sie an die Entbehrungen von früher denkt, dann schaut sie nachdenklich aus. „Wenn ich ehrlich bin, überkommt mich der Gedanke mittlerweile häufiger. Wasserkanister schleppen, das macht mir nichts aus. Und sterben werden wir alle."

Heimweh nach Bagdad. Heimweh nach der Kindheit?!

Lukas Scholz

Ein Schammar-Scheich adoptiert einen Leipziger Forscher

Grassi-Museum in leipzig

> „Das damalige Oberhaupt der Šammar-Ǧerba, Miš'ān al-Feisal al-Ferhān, in dessen Zeltlager ich lebte, adoptierte mich nach einiger Zeit, wohl auch, um das Zusammenleben für beide Seiten erträglicher zu gestalten, und ich erhielt dadurch günstige Bedingungen für meine Forschungsarbeit."[1]

Höchstwahrscheinlich der einzige Leipziger, der von einem Beduinenscheich adoptiert wurde … Die Rede ist von einem Mann, dessen Passion für den Orient nicht nur die akademische Welt bereicherte, denn seine Leidenschaft zu reisen und zu sammeln, bescherte auch dem Leipziger Museum für Völkerkunde zahlreiche Ausstellungsstücke, die Besucher aus aller Welt in ihrer Einzigartigkeit bewundern. Große Teile der Orientsammlung, speziell jener, die sich den Nomaden widmet, gehen auf ihn zurück, auf einen Menschen, der seinen Wurzeln stets treu blieb.

Lothar Stein ist gebürtiger Leipziger und lebt bis heute in einem Haus im Leipziger Vorort Mölkau. Er erwarb sein Abitur und seinen akademischen Grad in Leipzig und hatte trotz vieler politischer Wirren und fabelhafter Chancen nie daran gedacht, seiner Heimatstadt den Rücken zu kehren. Seine Profession und seine Leidenschaft trieben ihn immer wieder in den Orient, und so bereiste und erforschte er den Sudan, die Oasen Ägyptens, den Irak, den Südjemen und noch andere für Europäer nicht ohne Weiteres zugängliche Gebiete. Während seines Aufenthaltes beim großen Beduinenstamm der Schammar-Djerba im Irak wurde Lothar Stein sogar als Stammesmitglied adoptiert. Alle Orte, denen er sich längere Zeit zuwandte, finden sich nicht nur in großartigen, umfangreichen Monografien wieder, sondern befriedigten auch seine Sammelleidenschaft, wovon die Dauerausstellung in Leipzig noch heute Zeugnis ablegt. Der lange Weg, den Lothar Stein ging, muss beschrieben werden, ausgehend von dem Zeitpunkt, an dem seine Liebe zu Leipzig und dem Museum für Völkerkunde vielleicht begann … Im Innenhof des Grassi-Museums für Völkerkunde am Johannisplatz.

Den wohl schönsten Blick auf die Silhouette des Augustusplatzes hat man vom Johannisplatz aus, jener begrünten Fläche, an deren Ostseite sich ein im Art-Deco-Stil erbautes Museumsgebäude erhebt: das 1925-28 erbaute Grassi-Museum. Es beherbergt das Museum für Angewandte Kunst, das Museum für Musikinstrumente und das Museum für Völkerkunde. Benannt nach dem Leipziger Kaufmann und Mäzen Franz Dominic Grassi war das Museumsgebäude seinerzeit die Antwort auf das Platzproblem vieler in Leipzig beheimateter Sammlungen. Besonders das Völkerkundemuseum, das damals die erste nach universalhistorischem Konzept angelegte ethnographische Sammlung besaß, hatte zu diesem Zeitpunkt bereits sechs Umzüge hinter sich und sollte im Grassibau nun die endgültigen Ausstellungsräumlichkeiten erhalten. Man konnte die materielle Kultur aus fast allen Weltregionen bewundern, aus Nordafrika, Süd- und Nordamerika, Ostasien, aus Benin, Indien und Indonesien sowie von den Pazifikinseln. Doch die wertvollen Exponate, die einmaligen Dokumente und die beeindruckenden Fotos wurden um ein Fünftel dezimiert, als Brand- und Sprengbomben 1943 das Gebäude trafen. An jenem Tag stand nicht nur das Gebäude des Museums für Völkerkunde in Flammen, sondern auch das Herz eines achtjährigen Leipziger Jungen, der sich vornahm, eines Tages all die zerstörten Kostbarkeiten zu ersetzen. Lothar Stein, gebürtiger Mölkauer, war Augenzeuge des verheerenden Feuers und schmiedete in seiner kindlichen Naivität kühne Pläne, die es später mehr als übertreffen sollte.

Eigentlich wollte er Tierarzt werden. Doch diesen Plan gab er auf, noch bevor er wusste, dass seine Abiturnoten dafür nicht ausreichen würden. Ein Besuch im Institut für Ethnologie der Universität Leipzig am Tag der Offenen Tür war für ihn schicksalhaft gewesen. Bereits als Jugendlicher hatte Lothar Stein viele Reiseberichte gelesen und in der Vorstellung geschwelgt, auch einmal die fremden Völker mit eigenen Augen zu sehen, unter ihnen zu leben, ihre Umwelt zu erforschen, ihre Freuden und Nöte zu teilen. Als dann Professor Grimm am Leipziger Institut für Ethnologie eine Vorlesung über Buschmänner hielt, stand sein Entschluss fest: Völkerkunde sollte das Studienfach seiner Wahl werden.

Im Herbst 1953 war es so weit. Lothar Stein begann sein Studium am „Julius Lips Institut für Ethnologie und vergleichende Rechtssoziologie", das zu jener Zeit von der bekannten Indianerforscherin Eva Lips geleitet wurde. Der damalige Direktor des Völkerkundemuseums, Professor Damm, hielt ebenfalls Vorlesungen am Institut und sorgte durch seine Person für eine frühzeitige Bindung einiger Studenten an das Museum. Denn dort gab es nicht nur eine reichhaltige Bibliothek mit Klassikern und Reiseberichten. Die Studenten hatten auch die Möglichkeit, sich als Museumsführer etwas zum Studium dazuzuverdienen.

Die Leipziger Völkerkunde konzentrierte sich zu jener Zeit auf die Schwerpunkte Afrika, Amerika und deutsche Volkskunde. Lothar Stein traf für seine Abschlussarbeit allerdings eine eigenwillige Wahl: Nicht Afrika oder Amerika sollten Gegenstand seiner Forschung sein, sondern Nordafrika und der Nahe Osten.

Die Gründe dafür waren mehr pragmatisch, denn sein Anspruch war es, Feldforschungen durchzuführen, also alles mit seinen eigenen fünf Sinnen zu erfahren. Als sein Blick über die Weltkarte schweifte, erkannte er, dass der Orient für einen DDR-Bürger wie ihn am leichtesten zu erreichen sei. So fiel seine Wahl auf den islamischen Norden Afrikas. Dementsprechend lautete dann 1957 das Thema seiner Abschlussarbeit: „Die Völker des Tschadseegebietes in vorkolonialer Zeit".

Kurze Zeit nach seiner Graduierung erhielt Lothar Stein das Angebot, eine archäologische Forschungsreise in den Sudan zu begleiten. Nun war klar, dass seine akademische Ausrichtung eine gute Wahl gewesen war und so begleitete er als Ethnologe die von Professor Fritz Hintze aus Berlin ins Leben gerufene „Butana-Expedition".

Sudan

Ausgangspunkt der Expedition war Khartoum, die Hauptstadt des Sudans. Von dort ging es zum Fuße des 539 m hohen Djabal Qeili, an dem Archäologen mit Hilfe von Latexabklatschen Felsbilder aus dem antiken Königreich Meroe dreidimensional aufnahmen. Der Berg liegt in der Butana-Steppe, einer Region östlich des sudanesischen Nils, die ausschließlich von pastoralen Viehzüchtern bewirtschaftet wird. Diese Tatsache war für Lothar Stein von großer Bedeutung, denn dort gab es Gelegenheit, die Schukriyya kennen zu lernen. Diese arabischstämmigen Nomaden sind in zahlreiche Stammesgruppen gegliedert. Berühmtheit erlangten sie als Züchter weißer Rennkamele. Während also die Archäologen mit ihren Felsbildern beschäftigt waren, hatte der junge Ethnologe Gelegenheit, das Leben der nomadischen Viehzüchter aufs Genaueste zu beobachten: „Das nächste Standlager wurde bei Ban Nāqa aufgeschlagen, wo sich ein ca. 80 m tiefer Brunnen befindet, der von den Hassanīyya und Šaiqīyya im 24-Stunden-Betrieb genutzt wurde. Hier konnte ich über einen längeren Zeitraum die technologischen und sozialen Bedingungen der Wasserversorgung dieser Wüstenstämme kennen lernen."[2]

Von seinem Sudanaufenthalt brachte Lothar Stein nicht nur einige landwirtschaftliche Arbeitsgeräte für das Völkerkundemuseum mit, sondern auch Feldnotizen, Fotos und Zeichnungen für eine wissenschaftliche Studie. Der Forschungsaufenthalt blieb ihm in bleibender und prägender Erinnerung, denn die Schukriyya waren nicht nur der erste Nomadenstamm, mit dem er in Kontakt getreten war, sondern er selbst war auch der erste Weiße gewesen, der längere Zeit bei diesem Stamm weilte. Jemand, der nicht mit dem Kamel kam, sondern mit einem Flugzeug aus einer anderen Welt, war für die meisten jener Nomaden geradezu unvorstellbar. Leider musste der Forscher erkennen, dass seine bescheidenen Arabisch-Kenntnisse kaum ausreichend waren, um als Ethnologe in zufriedenstellendem Maße mit den Beduinen zu sprechen.

Zurück in Leipzig

Da man am damaligen Institut für Ethnologie leider nicht Arabisch studieren konnte, nutzte Lothar Stein die Möglichkeit, ein wenig Arabisch am Orientalischen Institut zu lernen. Dann entschloss er sich, für ein intensives Sprachstudium Deutschland noch einmal zu verlassen und bewarb sich um einen Studienplatz im Rahmen eines Austauschprogrammes mit der Universität Bagdad, das man nach einigen politischen Umbrüchen im Irak ins Leben gerufen hatte. König Faisal II. war 1958 abgesetzt worden, und die daraufhin gegründete Republik Irak bemühte sich um gute Kontakte zur Sowjetunion. Die politische Konstellation war also günstig. Doch es dauerte dennoch geraume Zeit, bis der junge Forscher dann endlich im Dezember 1960 in Bagdad eintraf.

Inzwischen war Lothar Stein vom Direktor des Völkerkundemuseums als wissenschaftlicher Mitarbeiter für den Vorderen Orient und Nordafrika eingestellt worden. Sein Vorgesetzter führte ihn in die Sammlungen ein, die zu jener Zeit im Grassi-Museum lagerten. Als ihm die alten Bestandslisten vorgelegt wurden, die das Inventar vor den Bombenangriffen 1943 dokumentierten, erwachte die Erinnerung an jenen Tag in seiner frühen Kindheit, als er mit ansehen musste, wie das Museum in Flammen aufging. Die Wiederbeschaffung einiger der verbrannten Objekte war das erklärte Ziel von Lothar Steins. Das nun bevorstehende Studium in Bagdad konnte daran nichts ändern. Er wollte dem Museum treu bleiben und seine Augen für mögliche Ausstellungsobjekte stets offenhalten.

Irak

Lothar Stein schrieb sich an der Fakultät für Sprachen der Universität Bagdad ein und widmete seinen Aufenthalt zweierlei Dingen, dem Sprachstudium und der Dokumentation der materiellen Kultur der im Irak lebenden ethnischen Gruppen.

Er sollte Hocharabisch lernen, aber von Anfang an war sein Interesse mehr auf den Dialekt der Beduinen gerichtet. Jede freie Minute nutzte er für Erkundungstouren. Sein bevorzugtes Fortbewegungsmittel waren Sammeltaxis, wie sie bis heute überall in Nordafrika und im Nahen Osten verbreitet sind. Dabei war ihm kein Aufwand zu hoch, um schließlich eine Sammlung von 280 Exponaten zusammenzustellen, die ab 1964 die Dauerausstellung zum Vorderen Orient im Leipziger Grassi-Museum bilden sollte. Prunkstück war ein schwarzes Beduinenzelt mit kompletter Einrichtung. Damit war ein großer Schritt auf dem Weg getan, die im Krieg eingebüßten Museumsbestände wiederherzustellen.

Auf seinen Streifzügen durch den Irak bewegte ihn auch stets ein anderer Gedanke: Nomaden. Sie zu treffen, war sein Ziel, denn die Sudan-Expedition hatte sein Interesse für die nomadische Lebensweise geweckt. Er könnte ja eine Doktorarbeit über Nomaden bzw. Beduinen schreiben, über diese stolzen Wüstenbewohner, deren Vorväter einst über die

Moschee in Bagdad in den 1960er Jahren

Arabische Halbinsel zogen und deren ins 6. Jh. zurückreichende Poesie bis heute in arabischen Schulen auswendig gelernt wird. Sobald er aus dem fahrenden Taxi Zelte erblickte, ließ er den Fahrer anhalten und stieg aus, um den ewig Wandernden einen Besuch abzustatten. Das Taxi setzte seine Fahrt ohne ihn fort.

Lothar Stein nach seiner Adoption

Die Nomaden empfingen ihn stets mit offenen Armen, und so dauerte es nicht lange, bis der Dekan der Bagdader Philosophischen Fakultät, Professor Yussif Abbud, seine Kontakte zu dem Stamm der Schammar-Djerba nutzte und für Lothar Stein ein Empfehlungsschreiben an deren Oberhaupt verfasste. Dieses überbrachte der hoffnungsvolle Ethnologe höchstpersönlich, nachdem er mittlerweile in der arabischen Sprache sicherer geworden war. Dadurch konnte er sein Vorhaben direkt an Ort und Stelle vorstellen. Der junge Forscher stieß auch auf offene Ohren. Allerdings war er ausgerechnet im Fastenmonat Ramadan bei den Schammar eingetroffen. Deshalb wurde sein Aufenthalt in ihren Zelten noch ein wenig verschoben.

Als er dann endlich wieder in die Einöde außerhalb Bagdads aufbrach, empfing man ihn dort nicht als Forscher, der tun und lassen konnte, was immer seine wissenschaftliche Arbeit erfordern würde. Nein, er kam wie ein jeder Fremde und wurde aufgenommen als Gast, der bei den Beduinen immer unter den Schutz des Stammes gestellt wird. Dies bot natürlich viele Vorzüge. Lothar Stein entdeckte zwischen den Sitzungen im Diwan und einer Vielzahl von Kaffeeritualen die tief verwurzelte Gastfreundschaft der Beduinen, in der ein Besucher fast einem Geschenk Gottes gleicht. Leider war dies für die Forschertätigkeit eher hinderlich, denn der Gast befand sich unter Dauerbetreuung. Alle standen auf und begrüßten ihn, sobald er den Raum betrat, man hörte mit der Nah-

Einband des Ausstellungskatalogs über die Lage der Beduinen und ihre Zukunftsaussichten, Leipzig 1968

rungsaufnahme auf, wenn der Gast es tat, und nicht nur Lothar Stein wurde dies mit der Zeit ein wenig einengend, auch die Beduinen erkannten diese durchaus unpraktische Situation. Um diesem Dilemma zu entfliehen, beschloss man in pragmatischer Weise den Forscher als Stammesmitglied zu adoptieren. Dadurch konnte die Etikette entfallen. Lothar Stein wurde Abdallah Miš'ān al-Feisal al-Ferhān al-Sfuq al-Faris, ein Stammesmitglied der Schammar-Djerba, dessen Name siebzehn Generationen der Stammesgenealogie auflistete. Unter Zeugenschaft aller Scheichs, die jeweils den einzelnen Stammeslinien vorstanden, vernahm Lothar Stein zum ersten Mal seinen vollständigen arabischen Namen und empfing darüber hinaus ein Pferd und eine Waffe. Scherzhaft bot man ihm auch einige Mädchen als Heiratsoption an, doch davon ließ Lothar Stein die Finger. Denn länger als zwei Monate brauchte er nicht bei den Schammar bleiben. In dieser Zeit hatte er genügend Material gesammelt, um seine Doktorarbeit fertigzustellen und sie schließlich 1965 in Leipzig einzureichen. Der Titel lautete: „Wirtschaftsgrundlagen und Wirtschaftswandel der Schammar-Djerba unter Berücksichtigung der Veränderung der sozialen Verhältnisse".

Rückblickend vergleicht Lothar Stein seine Eindrücke mit denen, die Max von Oppenheim fünfzig Jahre früher gesammelt hatte, und findet, dass die Anzeichen für den Beginn der Ansiedlung der Beduinen Anfang der 60er Jahre nicht mehr zu übersehen waren, denn „etwa 20 % der ehemaligen Nomaden befanden sich damals bereits in verschiedenen Übergangsstufen zu einer sesshaften Lebensweise, und die einst dominierende Kamelzucht war stark rückläufig".[3] Vielleicht war ja in anderen Regionen der arabischen Welt die traditionelle Lebensweise der Beduinen in größerem Umfang erhalten. Immerhin gibt es Beduinen nicht nur im Irak, sondern auch in der angrenzenden Syrischen Wüste, im Negev, auf der Arabischen Halbinsel, auf dem Sinai und in Teilen der Sahara.

Ägypten und die Oase Siwa

Wieder in Leipzig war Lothar Stein weiterhin als Kustos tätig, bis er das Glück hatte, 1968/69 ein Stipendium der Universität Kairo zu erhalten. Auch wenn es abermals die Beduinen waren, die ihn in die Ferne zogen, so sollten es dieses Mal nicht die weiten, trockenen Steppen des Iraks sein, sondern die blühenden Oasen Ägyptens, die sein Forscherauge auf sich lenkten. Beginnend mit den Oasen des „Neuen Tales", Dakhla und Kharga, war es hauptsächlich die Oase Siwa mit dem in der Nähe ansässigen

Lothar Stein in der Oase Siwa mit gebrochenem Brunnenbalken

Stammesverband der Aulad Ali, die seinen Forschungsschwerpunkt ausmachte. Die Vorfahren der Aulad Ali waren im 10. Jh. von der Arabischen Halbinsel nach Nordafrika gekommen. Erst im 17. Jh. aber zogen sie in ihr heutiges Gebiet um die Oase Siwa, ab Anfang des 19. Jh. ließen sie sich teilweise sogar dort nieder. Sie pflegen seither Handelsbeziehungen mit der in der Oase lebenden Berberbevölkerung. So übernahmen sie beispielsweise mit ihren Karawanen den Dattelexport für die Bewohner von Siwa.

Für Lothar Stein waren die Aulad Ali abermals ein Beduinenstamm, den er intensiv kennen lernen konnte. 1976 kehrte er zu einem zweiten Forschungsaufenthalt in die malerische ägyptische Oase zurück, diesmal in Begleitung des Ethnographen Walter Rusch. Sie studierten akribisch jedes Detail, so auch die Brandzeichen der Kamele, wie man in ihrer gemeinsamen Habilitation über „Siwa und die Aulad Ali" nachlesen kann. „Wasm" heißen diese Eigentumsmarken. „Damit kennzeichnen die Beduinen seit alter Zeit ihre Kamele, indem sie dem Tier im Alter von etwa zwei Jahren mit einem glühenden Eisen ein bestimmtes Zeichen in die Haut brennen. Es handelt sich um eine Kombination aus linearen und geometrischen Mustern, die nach geläufigen Begriffen der nomadischen Umwelt benannt werden: Hirtenstab ..."[4]

Das Ziel, dem Museum für Völkerkunde das eine oder andere Ausstellungsstück zukommen zu lassen, verlor Lothar Stein natürlich nicht aus dem Auge. Da die Sammeltätigkeit meist keiner Aneignung gleicht, sondern vielmehr ein Austauschprozess und Aushandlungsprozess ist, muss der Forscher mit dem Inhaber eines begehrten Objektes gut kommunizieren können. Der Aufenthalt bei den Beduinen des Iraks hatte ihn gelehrt, dass man als Mann die verschiedensten Bereiche des öffentlichen Lebens gut erschließen kann. Die private Welt bleibt jedoch dem männlichen Forscher unzugänglich. Ethnografica aus der weiblichen Welt zu erwerben, ist für einen Mann fast nicht möglich. Lothar Stein hatte jedoch Glück, denn seine Frau Heidi erhielt ebenfalls ein Stipendium, das ihr einen gemeinsamen Aufenthalt mit ihrem Ehemann in Siwa ermöglichte. Als Orientalistin und Turkologin konnte sie die Unternehmung mit wichtigen Hintergrundinformationen versorgen. Obendrein verfügte sie über die ganz speziellen Zugangsmöglichkeiten einer Frau. Ihr ist es zu verdanken, dass die ethnografische Sammlung auch Frauenkleider und alten Silberschmuck umfasst.

Sudan

Während seines Aufenthaltes in Ägypten erhielt Lothar Stein eine Einladung zu einer Vortragsreihe an der Universität Khartum im Sudan. Dort angekommen, erfuhr er, dass man für den Direktorposten des Sudan National Museum of Ethnography einen „Goverment Ethnologist" suche. Primäre Aufgabe sollte es sein, die Bestände des Museums aufzustocken, eine wohlvertraute Tätigkeit für Lothar Stein. Er reichte also eine Bewerbung ein. Und tatsächlich konnte er im Januar 1972 nach Klärung aller nötigen Formalitäten seinen Posten am Ethnografischen Museum in Khartum antreten. Ihn begleiteten seine Frau und seine beiden Söhne, die nun Leipzig gegen die damals nicht viel größere afrikanische Nil-Metropole als neuen Wohnsitz eintauschten.

In Khartum angekommen, musste sich Lothar Stein zunächst mit den komplizierten lokalen Bedingungen vertraut machen. In seiner neuen Arbeitsstelle sortierte er erst einmal die Bestände und stellte einen wissenschaftlichen Assistenten ein, der bei der Vorbereitung der bevorstehenden Expedition in den Westsudan behilflich sein konnte.

Das Expeditionsteam umfasste fünf Mann: Lothar Stein, seinen Assistenten, einen Koch und zwei Fahrer. Innerhalb von acht Wochen legte man 5.730 km zurück. Die Reise führte zu den verschiedensten Ethnien: zu den abgeschieden lebenden Bergnuba und zu den Rinder züchtenden Baggara. Schlussendlich konnten 252 Objekte für das Museum erworben werden, was nicht immer ein Kinderspiel war. So erinnert sich Lothar Stein an einen handgeschriebenen Koran, den er einem Händler abluchsen wollte. Viel hätte sich Lothar Stein dieses Exemplar kosten lassen, doch die Verhandlung zwischen beiden Parteien führte nicht zu einer geschäftlichen Transaktion, sondern dazu, dass der Händler seinen Stand schloss, weil er darin die einzige Möglichkeit sah, den fortwährenden Überredungsversuchen Lothar Steins aus dem Wege zu gehen. Einem „Ungläubigen" wollte er das heilige Buch der Muslime um keinen Preis geben, und so musste sich der deutsche Forscher auch mit Misserfolgen arrangieren.

Dennoch war die Ausbeute umfangreich genug, um eine Sonderausstellung in einem 250 m² großen Saal des Nationalmuseums auszustatten. Blickfang war eine vollständig eingerichtete Rundhütte der Baggara-Rinderzüchter. Besondere Anziehungspunkte für die Museumsbesucher waren aus Ton gefertigte Porträtbüsten, die lebensgroße Nachbildung eines bunt geschmückten Baggara-Reitstieres und eine zwei Meter hohe, reich verzierte Kamelsänfte. Lothar Stein war eine großartige Ausstellung gelungen. Zu den Besuchern zählten ganze Familien der erforschten Stämme, die es in das rapide wachsende Khartum gezogen hatte. Mit diesem erfolgreichen Abschluss seiner Sammlertätigkeit im Sudan neigte sich der Khartumaufenthalt im Juli 1973 seinem Ende zu und es hieß nun, in Leipzig die praktischen Afrika-Erfahrungen wissenschaftlich zu verarbeiten.

Wieder in Leipzig

Als 1979 unerwartet der Direktor des Leipziger Völkerkundemuseums, Wolfgang König, verstarb, erhielt Lothar Stein vom Minister für Hoch- und Fachschulwesen die Anfrage, ob er denn nicht die Leitung des Museums übernehmen könne. Vertieft in die Erarbeitung seiner Habilitationsschrift, kam dieses lukrative Angebot allerdings verfrüht. Dennoch wurde er 1980 neuer Direktor des Völkerkundemuseums, zunächst noch nicht in vollem Umfang, weil er zuerst seine Habilitation fertigstellen musste. Seit seinem Studium gehörte er immerhin zu jenem privilegierten Personenkreis, der nach einem langen Genehmigungsprozedere die DDR zeitweilig verlassen durfte. Doch waren ihm nun in seiner verantwortungsvollen Position längere Forschungsaufenthalte nicht mehr möglich. Internationale Konferenzen und Symposien boten glücklicherweise weiterhin Möglichkeiten für Auslandsreisen, wenn auch im beschränkten Maße.

Zu jener Zeit war das Grassi-Museum für Völkerkunde eine der größten Einrichtungen dieser Art mit mehr als siebzig Mitarbeitern und ständig wechselnden Sonderausstellungen sowie einer

Dauerausstellung, die sich über zwei Etagen erstreckte und Einblicke in die „Kulturen der Welt" ermöglichte.

Trotz einer stärkeren Bindung an das Museum und ständig neuer Aufgaben gab Lothar Stein sein Interesse an den Nomaden nie auf. In den Folgejahren musste er zunehmend feststellen, dass die Lebensweise der Nomaden radikalen Änderungen unterworfen war. Vielerorts wurden Nomaden seitens der Zentralregierungen als „Problem" eingestuft und zur Sesshaftwerdung angehalten. Oftmals führten staatliche Anreize wie Wohnraum und Subventionen dazu, dass die Wanderer der Wüsten und Steppen ihre ursprüngliche Lebensweise aufgaben. Weidegrund wurde zu Ackerland umfunktioniert und den Stämmen als Privatbesitz überschrieben. Die rasche Technisierung der Land- und Weidewirtschaft machten das Kamel überflüssig und ließ in der akademischen Welt die Frage aufkommen, ob es denn überhaupt noch Nomaden gäbe. „Vergeblich hielten wir Ausschau nach Beduinenzelten, stattdessen bemerkten wir allenthalben die ebenerdigen gemauerten Gehöfte angesiedelter Nomaden",[5] erinnern sich Lothar Stein und Wolf-Dietrich Seiwert nach ihrer Expedition in den Norden Libyens 1981. Sie suchten vergeblich, denn die meisten Wüstenbewohner hatten dort ihre Herden freigelassen und das Zelt gegen ein Haus getauscht. Die Zeit war reif für etwas Neues.

Jemen

Im Jahre 1982 erhielt Lothar Stein die Einladung, für mehrere Wochen die Volksdemokratische Republik Jemen zu bereisen. Absender jener Offerte war ein ehemaliger Doktorand, der jemenitischer Staatsbürger war und in Leipzig promoviert hatte. Mittlerweile war er Bildungsminister in seinem Heimatland und lud Lothar Stein ein, den Jemen zu erkunden. Natürlich auch die Beduinen. Vielleicht würde er hier welche finden, die noch Dromedare, Schafe und Ziegen züchteten, von Milch und Datteln lebten und zu besonderen Anlässen auch mal eines ihrer Tiere schlachteten.

In einem Zeitraum von mehr als drei Monaten führte ihn der Weg über Hadramaut, das Gebiet Schabwa und Mahra und die Ausläufer der großen Arabischen Wüste zu den „richtigen

Beduinen". Deren Wanderrouten verlaufen durch das „Leere Viertel", auf Arabisch „Rubʿ al-Khali". Die Ausläufer dieser berüchtigten Wüste, noch bis ins 20. Jh. ein weißer Fleck auf den Landkarten, reichen von Saudi-Arabien bis in den Jemen. Die Grenze zwischen beiden Ländern verliert in der Wüste ihre Wirkkraft. Die Beduinen kümmert sie nicht. Der erste Europäer, der diese größte Sandwüste der Erde komplett durchquerte, war der als Exzentriker geltende britische Entdecker Wilfred Thesiger. Das geschah im Jahre 1946. Die Zeiten, als noch Weihrauchkarawanen durch diese Wüste ziehen konnten, endeten um 300 n. Chr. Unterdessen ist sie so lebensfeindlich geworden, dass selbst die Kamelnomaden nur noch in den Randgebieten umherwandern können. Auch Lothar Stein musste sich mit dem Südrand der Rubʿ al-Khali begnügen, „wo damals ca. 42 000 Beduinen lebten, von denen etwa 5 % bereits angesiedelt waren. Manche der Nomaden besaßen keine Zelte, sondern bewohnten natürliche Sandstein-Höhlen, die entsprechend den Weideverhältnissen gewechselt wurden."⁶ Es gab Stämme, deren Häuser Opfer einer schweren Flut geworden waren, wie sie auch in der Wüste vorkommen kann. Notgedrungen hatten diese Menschen ihre einstige nomadische Lebensweise wieder aufnehmen müssen. Beduinen hatte Lothar Stein also hier in der abgeschiedenen Region von Thamud treffen können.

Die Jemen-Expedition wurde in einem Text- und Bildband festgehalten. Außerdem hatte sie wieder einmal einige Ausstellungsstücke für Leipzig erbracht. Einen spektakulären Teil des Südjemen hatte Lothar Stein jedoch bei seiner

Einband zu Hadramaut. Geschichte und Gegenwart einer südarabischen Landschaft von Karl-Heinz Bochow und Lothar Stein. Leipzig 1986

ersten Reise ausgelassen: Sokotra.

Die 350 km vor der jemenitischen Küste im Indischen Ozean gelegene Insel ist eine wahre Besonderheit. In biologischer Hinsicht ist sie einzigartig, weil es dort Tier- und Pflanzenarten gibt, die sonst nirgendwo auf der Welt vorzufinden sind. In kultureller Hinsicht ist sie ebenso hochinteressant, weil die Bevölkerung Sokotras über Jahrhunderte sehr isoliert gelebt hat und sich in Sprache und Lebensweise von den jemenitischen Festlandbewohnern wesentlich unterscheidet. So überdauerten archaische Lebensformen, deren Erforschung Lothar Stein als Sternstunde seiner akademischen Tätigkeit bewertet. Die Inselbewohner kennen zwar vereinzelt das Arabische als lingua franca, sprechen aber eine eigene Sprache. Sie ähnelt dem heute quasi ausgestorbenen Altsüdarabischen, das die sesshaften Bewohner im Süden der Arabischen Halbinsel vor ihrer Islamisierung gesprochen hatten. Schließlich jedoch wurde es von der Sprache der nordarabischen Beduinen endgültig verdrängt, nachdem sowohl der in nordarabischer Sprache offenbarte Koran als auch

Drachenblutbaum auf Sokotra

Familie aus Sokotra

Höhlenbewohnerinnen auf Sokotra

die ebenfalls auf Nordarabisch verfassten Gedichte die Sprache der nunmehr muslimischen Araber ab dem 8. Jh. standardisierten.

Im November 1984 kam Lothar Stein auf jene abgeschiedene Insel und blieb dort bis zum Januar des folgenden Jahres. Der wissenschaftliche Ertrag dieses Aufenthalts findet sich in der 1986 eröffneten und bis dato einzigartigen Sonderausstellung über die Bevölkerung von Sokotra.

Als besonders mannigfaltig empfand Lothar Stein Kleidung und Schmuck, doch fehlte ihm wieder einmal der Zugang zu dieser weiblichen Domäne. Anfang 1989 erschien er abermals auf der Insel, doch diesmal in Begleitung seiner Frau. Heidi Stein gelang es innerhalb kürzester Zeit, Kontakt zu den Frauen der Insel aufzubauen. Sie ließ sich in die Welt von Schmuck, Kleidung und Kosmetik einweihen. Ihre außergewöhnlichen Einblicke in das Leben auf Sokotra veröffentlichten die beiden Wissenschaftler und Weltreisenden 1992 in einem Artikel, der unter dem Titel „Die Insel Sokotra aus völkerkundlicher Sicht" in der Zeitschrift Jemen Report nachzulesen ist. Alle Objekte, die man von den Inselbewohnern erhielt, stellte man zu einer Ausstellung zusammen, die bis heute eine der wenigen Ausstellungen ihrer Art geblieben ist.

Lothar Stein war einer der ostdeutschen Museumsdirektoren, die ihr Amt während der Integration ihrer Wirkungsstätten in die Museumslandschaft der Nachwendezeit behielten, bis er 2001 in seinen wohlverdienten Ruhestand ging. Die nun im Museum ausgestellten Objekte legen bis heute Zeugnis einer Biografie ab, die zwischen dem Orient mit Feldforschungsaufenthalten,

Stammesführer aus Sokotra

Reisen und Abenteuern und dem Okzident mit Museumsarbeit, wissenschaftlichen Publikationen und Familienleben hin und her pendelte. Bis heute existiert auch die Dauerausstellung im *Sudan National Museum of Ethnography*, die Lothar Steins eifriger und kompetenter Sammlertätigkeit zu verdanken ist. Seine wissenschaftlichen Publikationen und umfangreichen Reisebeschreibungen bleiben wichtige Werke der ethnologischen Forschung und lebendige Schilderungen aus Ländern, die zur Zeit ihrer Entstehung für die meisten Leser unerreichbare Traumziele waren. Einige seiner Bücher wurden in andere Sprachen übersetzt, z. B. die Dissertation über die Schammar ins Arabische und Englische, „Hadramaut. Geschichte und Gegenwart einer südarabischen Landschaft" ins Arabische und das „Wandervolk der Wüste" ins Russische (mit fünf Auflagen) und sogar ins Estnische. Doch nicht zuletzt steht der Name Lothar Stein für ein Stück Museumsgeschichte, sichtbar nach wie vor im Grassi-Museum für Völkerkunde in Leipzig.

Jungenschulklasse auf Sokotra

Zum Weiterlesen:
Stein, Lothar: Abdallah bei den Beduinen. Durch Städte und Steppen des Irak. Leipzig 1964
Stein, Lothar: Wandervolk der Wüste. Leipzig 1966
Stein, Lothar und Rusch, Walter: Die Oase Siwa. Unter Berbern und Beduinen der Libyschen Wüste. Leipzig 1978
Bochow, Karl-Heinz und Stein, Lothar: Hadramaut. Geschichte und Gegenwart einer südarabischen Landschaft. Leipzig 1986
Stein, Lothar und Stein, Heidi: Die Bewohner der Insel Sokotra. In: Sokotra: Mensch und Natur. Wranik, Wolfgang (ed.). Wiesbaden 1999 (Jemen-Studien; 14), S. 195-226.

Stein, Lothar: Sesshaftwerden von Nomaden. Forschungen im Wechselspiel zwischen Universität und Museum für Völkerkunde zu Leipzig – persönliche Erinnerungen. In: Auf der Suche nach Vielfalt: Ethnographie und Geographie in Leipzig, hg. von Claus Deimel, Sebastian Lentz, Bernhard Streck, S. 207-222

---

1 Stein, Lothar : Sesshaftwerden von Nomaden. Forschungen im Wechselspiel zwischen Universität und Museum für Völkerkunde zu Leipzig – persönliche Erinnerungen. In: Auf der Suche nach Vielfalt: Ethnographie und Geographie in Leipzig, hg. von Claus Deimel, Sebastian Lentz, Bernhard Streck, S. 212
2 Stein, Lothar: ebenda, S. 211.
3 Stein, Lothar: ebenda, S. 211 f.
4 Rusch, Walther und Stein, Lothar: Siwa und die Aulad Ali: Darstellung und Analyse der sozialökonomischen, politischen und ethnischen Entwicklung der Bevölkerung der westlichen Wüste Ägyptens und des Prozesses ihrer Integration in den ägyptischen Staat von Beginn des 19. Jahrhunderts bis 1976, S. 100
5 Stein, Lothar: Sesshaftwerden von Nomaden. Forschungen im Wechselspiel zwischen Universität und Museum für Völkerkunde zu Leipzig – persönliche Erinnerungen. In: Auf der Suche nach Vielfalt: Ethnographie und Geographie in Leipzig, hg. von Claus Deimel, Sebastian Lentz, Bernhard Streck, S. 213
6 Stein, Lothar : ebenda, S. 212.

Charlotte Maria Schmidt

Mona Ragy Enayat holt Lieder und Bilder vom Nil an die Elster

Es ist November, draußen lauert die Kälte und singt ihr bekanntes Lied. Die Bäume sind kahl und der Himmel trägt sein graues Kleid. Ich sitze im Wohnzimmer bei Mona Ragy Enayat und lache – und vergesse die Kälte, die mir eben noch in die Knochen gefahren ist.

Es gibt bestimmt schon viele Artikel, die Mona Ragy Enayat gewidmet wurden, und wenn man sich vor Augen hält, wer sie ist, muss man erst mal überlegen, wo man anfangen soll mit all den Fragen. Eine Frau mit flinken Fingern und starker Stimme, die ihre Melodie von der Laute begleiten lässt. Ihre Stimme steht der Laute wirklich gut. Frau Enayat, gebürtige Ägypterin aus Kairo, ägyptische Kulturbotschafterin, Autorin und Illustratorin zahlreicher Bücher, zudem Sängerin und eine überaus begabte Malerin – sie ist vor allem eins: ein Mensch.

Sie sagt: „Selbst sein und Lachen, das ist mein Rezept." Klar, das

Mona Ragy Enayat musiziert und singt.

Mona Ragy Enayat im Atelier.

klingt nicht anders als Überschriften aus Ratschlag gebenden Frauenmagazinen. Zur Jahreszeit passt es allemal. Mona lebt diese Rezeptidee. Wer ihr begegnet, merkt das sofort. Künstlerinnen und Künstler gibt es viele. Sie malen, singen, dichten oder üben sich in den schönen Künsten. Doch Mona Ragy Enayat hat viele Talente. Woher kommen all diese? Und wo hat sie die Sprache

der Kunst mit all ihren Dialekten gelernt?
(Mona lacht): „... das sind sozusagen erbliche Schäden. Ich wurde in eine Familie geboren, in der man immer fröhlich, sehr offen und mit Freude miteinander im Gespräch ist. Mein Großvater, mein Onkel und seine Frau, mein Vater und meine Mutter – sie alle haben Kunst studiert. Mein Vater übte mehrere Berufe aus: Er war der Direktor des nationalen Puppentheaters. Er hat wichtige Projekte geleitet, wie z. B. Al Layla Kabira, das war ein sehr berühmtes Stück. Er war auch Direktor der Nationalen Volkstanzgruppe Kairo. Aber vor allem ist er ein bekannter Schriftsteller, der über einhundert Bücher geschrieben hat. Für ihn war es immer sehr wichtig, Kunst und Kultur auf höchstem Niveau zu erreichen – ohne Sehnsucht nach Karriere. Ihm wurde sogar die Position als ägyptischer Kulturminister angeboten, aber er hat abgelehnt. Das war damals in den 60er Jahren. Kunst und kulturelle Erfahrungen waren ihm wichtiger als Ruhm.
Dass ich so viele Talente in mir trage, hat sich einfach so ergeben. Meine Eltern sind Künstler. Meine Mutter war Mitbegründerin des Opernhauses von Kairo. Danach war sie Direktorin der Volkstanzgruppe, die zum Kulturministerium gehörte. Für die Volkstanzgruppe entwarf sie die Puppen mit Kostümen aus allen Gebieten Ägyptens. Sie stickte auch kunstvolle Miniaturbilder auf Seidenstoff, die sie weltweit ausstellte. Unglücklicherweise ist sie jetzt gelähmt nach einem Schlaganfall, wodurch das alles nicht mehr möglich ist. Das Lachen ist ihr jedoch geblieben.
Beeinflusst hat mich also die ganze Atmosphäre, in der ich aufgewachsen bin. Viele Sänger, Maler, Komponisten und Schriftsteller – Frauen wie Männer – sind bei uns ein und aus gegangen. Ich habe diese Atmosphäre schon als Kind eingeatmet, sozusagen mit der Muttermilch mitbekommen. Ich hätte nicht in die Kunstakademie immatrikuliert werden müssen, um zu wissen, was Kunst oder Kultur ist. Das war einfach in mir. Wenn Menschen zu mir sagen: ‚Mensch Mona, du schreibst, du komponierst und du gestaltest Bücher', dann empfinde ich das gar nicht als etwas Besonderes, es gehört für mich einfach zum Leben."

Mit Mona zu reden ist sehr angenehm, weil sie ihre Erfolge nicht

Fatima

Moslem und Christ.
Eine Heimat, eine Sorge.

Kinderrevolution –
Der Baum namens Nein

feiern lässt. Sie zeigt ihre Seele in einer Offenheit, die wenig Angst kennt. Das kommt vielleicht von ihrer persönlichen Lebenseinstellung.

„Ich lebe sehr einfach. Ich lasse mein Leben nicht von irgendwelchen Kompliziertheiten beeinflussen. Ich akzeptiere mich und die Situation so, wie sie ist. Ich habe nie versucht, krampfhaft dünn zu werden. Ich gucke immer auf die Hälfte im Glas, die voll ist. Das ist der Tipp, den ich meiner Tochter und auch den vielen Kindern gebe, die ich unterrichte: Versucht aus der Situation, in der ihr euch befindet, das Beste zu machen! Und versucht nicht, dem nachzutrauern, was ihr nicht ändern könnt. Wenn jemand klein, dick oder groß ist … Ändern könnt ihr nur das, was ihr in der Hand habt. Das Leben ist so viel schöner und einfacher. Meine Mutter ist gelähmt und sie hat wenig Grund, glücklich zu sein. Aber wenn sie lacht, ist es wunderbar. Es klingt vielleicht banal, aber ich sage immer: Gott sei Dank, dass wir auf eine Toilette gehen können und dass wir uns mit warmem Wasser die Zähne putzen können. Das ist ein Geschenk, das wir oftmals nicht richtig schätzen.
Was mich viele Menschen auch fragen, ist, woher ich die Zeit habe, all das zu tun. Aber Zeit kann man organisieren."

Wodurch zeichnet sich der Reichtum im Leben aus?
„Einfach zu sein, zufrieden zu sein, mit dem was man hat, und immer wieder die kommenden Herausforderungen zu bewältigen – und manchmal auch, die Herausforderungen zu suchen. Ich sage immer JA zu Herausforderungen, weil ich lernen möchte. Ich habe insgesamt 12 Jahre studiert. Ich habe viel erreicht, ich bin Meisterschülerin geworden und habe alles mit besten Ergebnissen abgeschlossen. Und doch fange ich bei jedem neuen Bild bei Null an. Das ist eigentlich das Geheimnis, dass man, egal was man schon erreicht hat, nie etwas endgültig erreicht hat. Wichtig ist es, für sich selbst den Drang zu haben, immer weiter zu lernen. Das erlebe ich täglich bei der Arbeit mit den Kindern. Ich lerne so viel – und möchte auch gerne die Kinder glücklich machen (lacht). Bei der Arbeit fühle ich mich eigentlich immer selbst wie ein Kind. Ich glaube das einfach gar nicht, dass ich in ein paar

Jahren 50 werde. Und die Kinder auch nicht – ihnen ist das egal. Für sie bin ich einfach Mona."

Trägt deine Tochter auch diese ‚erblich bedingten Schäden' weiter?
„Anders. Meine Tochter ist sehr intelligent. Sie macht vieles sehr perfekt. Wir schätzen einander, so wie wir sind, – und sind sehr gut befreundet. Der Ausspruch von Khalil Gibran ist mir sehr wichtig: ‚Eure Kinder sind nicht eure Kinder. Sie sind die Töchter und Söhne der Sehnsucht des Lebens nach sich selbst.' So empfinde ich auch die Beziehung zu meiner Tochter und auch zu den Kindern, die ich jede Woche unterrichte. Es muss immer gegenseitigen Respekt geben – und Platz zum Atmen. Ich achte die Individualität der Kinder sehr. Ich sage immer, dass ich nicht unterrichte, sondern dass ich die Kinder mit meiner Kunst begleite."

Mona steht fast jeden Tag um sechs Uhr auf. Sie ist eine disziplinierte Optimistin, die jedem neuen Tag ins Gesicht sagt, dass sie aus ihm das Beste herausholen möchte. Ist das ein ‚deutsches Disziplinverständnis' oder wurzelt dies aus ihrer Zeit in der französischen Nonnenschule in Kairo? Mona sagt, sie weiß es nicht. Und sie weiß auch nicht, wie sie all das schafft. Aber sehr viel Kraft holt sie sich aus dem Lachen.

Sie hat etliche Preise bekommen, z. B. für das beste Bühnenbild als Kunstpädagogin bundesweit beim Schulwettbewerb „Kinder zum Olymp". Preise und Anerkennung ehren sie, aber es geht ihr um etwas anderes ...

„Ich arbeite in Leipzig bei der Rahn Dittrich Group in der Kindertagesstätte Musikus, an der freien Grundschule Clara Schumann und an der freien Sekundarschule Gröningen. Dort unterrichte ich Kunst für Kinder im Vorschulalter. Französisch, Arabisch und Malkurse unterrichte ich für Grundschüler, für die ich auch kunstgeschichtliche Projekte in Theorie und Praxis mache, damit die Kinder von Anfang an nachdenken, was Kunst ist und welche Richtungen es gibt und was Kunstgeschichte heißt. Zudem ist es mein Ziel, die interkulturelle Erziehung, eine

Erziehung für Frieden und Gewaltlosigkeit, zu vermitteln. Das schönste Erlebnis dabei ist es immer wieder, dass die Kinder das Ganze wahnsinnig gut aufnehmen. Wenn ich sehe, dass Kinder nach der Schule noch in mein Atelier kommen und weitermachen möchten oder die Eltern sagen, dass die Bilder bei ihnen zu Hause hängen, die sie bei mir gemalt haben … Das sind Sachen, die mich einfach freuen. Manchmal rennen mir Kinder hinterher und schreien „Mona, Mona" und wollen mich umarmen. Was will man mehr? Das ist viel Liebe, die ich zurückbekomme und als Geschenk empfinde, obwohl ich auch streng sein kann."

Das Buch auf Deutsch und Arabisch *Metamorphosen* ist handschriftlich geschrieben und erzählt das Leben von Mona Ragy Enayat. Auf Seite 73 sieht man ein Foto, das einen Mann zeigt. Er sitzt auf einem Hocker und zeichnet. Sein rechter Arm ist ausgestreckt, seine Finger halten einen Stift und sein Blick wandert durch die große Brille auf das Bild – gerade und konzentriert. Es ist Monas Großvater …

„Ich wollte schon als Kind Künstlerin und Malerin werden, da gab es nie etwas anderes. Ich habe einfach nur dieses eine Ziel gehabt, das fing mit sechs Jahren an, als mein Opa gestorben war. Er war wirklich ein ganz toller Maler. Damals konnte ich gerade ein bisschen schreiben und ich habe Briefe an ihn geschrieben. Ich habe sie als zusammengeknüllte Papierkugeln in die Luft geworfen und zu ihm in den Himmel geschickt. Damals versprach ich ihm: ‚Der Name Enayat bleibt in der Kunstwelt.' Ich habe dieses Versprechen mit sechs Jahren gegeben und mir vorgenommen, eine bekannte Malerin zu werden. Ich habe beim Abitur gekämpft, um einen guten Abschluss zu machen, damit ich an der Kunstakademie studieren kann. Ein Kunststudium ist schwer, nichts Einfaches. Es reicht von Anatomie, Perspektive bis zu Farbtechnologie. Ich war die beste Studentin in Kunstgeschichte. Und weil ich Ägypten als Land in seiner Fülle und all seinen Gegensätzen sehr liebe – und weil ich gegen das menschenverachtende System des Diktators Mubarak war –, beteiligte ich mich an sehr vielen oppositionellen Aktionen. Und ich dachte, aufgrund meiner sehr guten Abschlüsse könnte ich nach dem Studium als Dozentin in der Fakultät arbeiten – und Neues im Land mitgestalten. Aber da ich zu oppositionell war, wurde ich nicht eingestellt. Damals war ich sehr verletzt und empfand das so sehr als Unrecht, dass ich sagte: ‚Morgen verlasse ich das Land.' Und das habe ich dann auch getan."

Das war also der Grund, dass du nach Deutschland gekommen bist?
„Ja. Ich hatte die Wahl zwischen Stipendien in München und Leipzig – und habe mich für Leipzig entschieden. Der Grund dafür war, dass mein Vater hier den Preis für das beste Kinderbuch bekommen hat. Das war 1982 und daher kannte ich Leipzig. Der zweite Grund war, dass ich bereits mit 22 Jahren die Kinderbuchabteilung des großen ägyptischen Verlagshauses „Dar el Shoroq" geleitet habe. Also entschied ich mich, in ein Land zu gehen, in dem ich Buchillustration studieren konnte. Das gab es so nur in Leipzig an der Hochschule für Grafik und Buchkunst. Diese Entscheidung habe ich nie bereut."

Warum bist du am Ende in Leipzig geblieben?
„1988 hatte ich hier ein Aufbaustudium angefangen. Ich bekam ein Stipendium von der Liga für Völkerfreundschaft. Prof. Rolf Kurt hatte mich ausgesucht. Ich wusste ja gar nicht, dass er so ein wichtiger Professor war. Ich konnte bis zu diesem Zeitpunkt kein Wort Deutsch. Doch um dieses Stipendium zu bekommen, haben sie mir drei Monate Zeit gegeben, um die deutsche Sprache zu lernen, was ich auch geschafft habe. Als ich dann in der DDR ankam, sollte ich zehn Monate Marxismus/Leninismus studieren. Das habe ich aber verweigert, ging zum Direktor und sagte ihm, dass das nicht gerecht ist. Ich bin hergekommen, um Kunst zu studieren – und gerne lese ich diese Literatur nachmittags, aber ich möchte nicht zehn Monate meines Lebens dafür verlieren. Er hat nur gelacht. Danach musste ich einen weiteren Test machen. Ich als eine, die gerade erst Deutsch gelernt hatte, wurde dann zur Arbeiterbewegung in Frankreich gefragt. (lacht) Ich wusste kaum, was die DDR ist – wie sollte ich dann über die französische Arbeiterbewegung in fünf Minuten Antwort geben? Ich habe zu ihnen gesagt, dass das eine Schikane sei. Ich habe

gekämpft wie verrückt. Dann habe ich nur noch eine Prüfung gemacht. Ja und ein Jahr später gab es keine DDR mehr. Ich bekam dann die ganzen politischen und gesellschaftlichen Hintergründe mit. Ich war damals 22 Jahre alt, sah aus wie eine 15-Jährige und war auch so sehr ‚unschuldig'. Ich hatte nie Beziehungen mit Männern gehabt, da ich anders aufgewachsen bin. Ich wusste zwar viel, aber es fehlte an so viel Erfahrung. Vorher lebte ich sehr behütet – Nonnenschule, Familie – und zum ersten Mal war ich in der offenen Welt an einem neuen Ort. Das war einfach gigantisch."

Hattest du Heimweh?
„Gar nicht. Nie. Ich hatte in Kairo sehr oft das Gefühl der Ghorba, also ein Fremdheitsgefühl, weil ich immer kritisch gegen Regierung und Gesellschaft war – obwohl oder weil ich Ägypten total liebe. Ich dachte nie, dass ich das Land verlassen würde, aber ich war nach dem Studium voller Sehnsucht nach Neuem, nach Selbstständigkeit, nach Entdeckungen. Das war auch nicht anders zu erwarten, von einem Mädchen, das zur Selbstständigkeit erzogen worden war. Mit zehn musste ich schon allein zum Arzt gehen, wenn ich krank war. Ich war so – und so hat meine ‚verrückte' Familie mich auch haben wollen. Meine Geschwister sind ein bisschen anders, arbeiten in anderen Bereichen. Mein Bruder ist ein bekannter Fernsehmoderator. Und meine Schwester lebt in Kanada, arbeitet nicht in einem künstlerischen Bereich – ist aber sehr begabt und sehr gefühlvoll. Einmal im Jahr treffen wir uns alle in Kairo. Meine Familie hat von den Urgroßeltern bis heute viele Nationalitäten, zerstreut auf der ganzen Erde."

Welche Beziehung hat deine Tochter zu Ägypten?
„Sie spricht sehr gut Arabisch und sie liebt Ägypten wie verrückt. Aber sie weiß genau, dass es nur Urlaub ist, wenn wir dort sind. Das ist ein Unterschied. Sie ist stolz, dass sie eine ägyptische Mutter hat und Verwandte in verschiedenen Ländern. Sie liebt ihre Tante, ihren Onkel und ihre Cousins sehr. In unserer Familie sind wir sehr unterschiedlich: Glauben, Lebensart, Hautfarbe – und wir haben einen unglaublichen Respekt und eine Toleranz

untereinander entwickelt. Das ist sehr wichtig in dieser Familie, in der jeder vom anderen weiß, der ist Atheist, die ist Muslima, der ist Bahai und der ist Christ. Wir sind eigentlich eine Traumfamilie, von der ich mir wünsche, dass die Welt so wird, wie diese Familie ist. Niemals diskutieren wir abwertend, was der andere glaubt und warum und warum nicht. Es gibt verschleierte Frauen, es gibt Frauen im Bikini – und trotzdem sind alle eine Familie und teilen ihre Gefühle und Sorgen. Und so, in dieser Toleranz den anderen gegenüber – nur so ist für mich der wahre Islam. Alle anderen einseitigen, fanatischen und orthodoxen Strömungen, das sind politische Mächte, die etwas steuern. Unsere Familie ist so bunt, dass Intoleranz darin keinen Platz hat. Würde man etwas gegen eine andere Religion sagen, würde man etwas gegen einen nächsten Verwandten sagen; gegen seinen Cousin oder gegen eine Tante oder … Wir sind eine wirklich bunte Familie."

Wie hat sich Leipzig verändert seit deiner Ankunft?
„Nun, ich habe das Gefühl, man wird im Laufe des Lebens ein zweites Mal geboren. Ich habe das Gefühl, dass ich meine zweite Geburt hier in dieser Stadt hatte. Auf alle Fälle fühle ich mich hier sehr zu Hause – trotz der vielen rassistischen Bemerkungen, die ich oft höre. Einfach überall. Ich gehe damit tolerant um, aber auch sehr kritisch. Es ist nicht einfach. Manchmal reicht es schon, fremd zu sein. Viele Menschen hier hatten noch nicht viele Kontakte zu Ausländern. Obwohl es tatsächlich Alltag ist, dass es in Leipzig ausländische Mitmenschen gibt aus den verschiedensten Ländern. Und einige von ihnen können auch zu wirklich engen Freunden werden. Ich lebe jetzt 25 Jahre in Leipzig, also eigentlich mehr als mein halbes Leben. Aber diesen Drang, dass einige mir vermitteln wollen, dass ich fremd bin, den gibt es. Damit muss ich aber leben. Denn inzwischen bin ich auch in Ägypten fremd für die Ägypter, weil auch ich mich verändert habe in diesem Land. Ich spreche Deutsch, ich verhalte mich auch anders. Es gibt ein wunderschönes Gedicht von dem syrischen Dichter Adel Karasholi: ‚Ich weiß, dass ich mein eigenes Schicksal bin'. Man darf nicht nur nach dieser einen Form von Heimat suchen, denn Heimat befindet sich einfach dort, wo man sich mit den Menschen verwirklicht, die einen verstehen.

Ich bin sehr froh, dass ich so viele Kinder unterrichte. Vor ihnen – wie auch vor anderen – verstecke ich meine Herkunft nicht … das könnte ich auch gar nicht. Und ich sage ihnen, dass Menschen verschiedener Herkunft – Menschen überhaupt in ihrer Verschiedenheit – einander eine Bereicherung sind. Und ich wünsche ihnen, dass sie das genauso empfinden. Ich hoffe sehr, dass die Kinder, die ich unterrichte, weniger verächtlich gegenüber anderen sind. Das ist unsere bunte Welt, an der ich nun schon seit 20 Jahren in Leipzig arbeite. Dies habe ich mir auch als Lebensziel gesetzt, dass ich dieses Anderssein als Bereicherung vermittle."

Was ist das Besondere an Leipzig?
„Leipzig ist eine sehr angenehme Stadt, in der ich mich schon immer sehr wohl gefühlt habe. Ich will auch nirgendwo anders leben. Ich habe hier viele Freundinnen und Freunde, und ich genieße jede Ecke in Leipzig und jeden Tag, obwohl ich schon 25 Jahre hier lebe und ich denke schon, dass ich hier sterben will und nicht woanders."

Warum bist du dir da so sicher?
„Ägypten wird immer meine zweite Haut sein. Aber Menschen sind überall Menschen, und alle Grenzen haben wir selber gemacht. Niemand ist besser als der andere. Wer behauptet, dass jemand, der in einer Wüste geboren wurde, nicht intellektuell ist? Oder jemand, der in Paris geboren wurde, Christ sein muss? Keine und keiner kann etwas dafür, dass sie oder er so ist, wie sie bzw. er eben sind. Man muss aus dem Zufall der eigenen Geburt das eigene Leben leben – ohne zu denken, jemand sei besser oder schlechter, nur weil er hell oder dunkel oder Christ oder Moslem ist. Der Unterschied ist keine Schwäche – sondern einfach Vielfalt. Das ist allerdings überhaupt nicht das, was wir durch Politik oder Medien vermittelt bekommen. Dort heißt es: rechts und links, Ausländer, Inländer, dunkel- oder hellhäutig. Ich lebe mit einem deutschen Mann zusammen – und wir lieben uns und sind eine Familie. Und ich möchte mir meinen Mann auch gar nicht anders vorstellen, als er ist. Liebe kennt – zum Glück – keine Nationalität."

Was ist dein Lieblingsplatz in Leipzig?
„Oh, das sind viele Plätze. Ich liebe Seen, Parks und Kirchen. Ich liebe das Zentrum sehr, so zum Spazierengehen und um Menschen zu beobachten. Mit diesen Orten verbinden mich auch besondere Erlebnisse und Erinnerungen. Vor allem aus der Demo-Zeit. Ich war ja 88/89 politisch aktiv im Neuen Forum, habe bei den Demonstrationen mitgemacht und Flugblätter verteilt und war in der „Initiative Frieden und Menschenrechte". Das „Soziokulturelle Zentrum Frauenkultur" spielt in meinem Leben eine große Rolle, weil die Frauen dort einfach sehr menschlich sind – und einen Teil Heimat und Familie für mich bedeuten, seitdem ich hier bin. Nur wenige Menschen habe ich getroffen, die mich so aufgenommen haben, wie ich bin. Deshalb ist für mich die „Frauenkultur" ein wichtiger Ort in Leipzig. Dort arbeiten und begegnen sich ganz unterschiedliche Menschen, genau wie in meiner Familie. Sie kommen aus verschiedenen Ländern, sind lesbisch oder heterosexuell, sie sind Studentinnen oder Seniorinnen … Sie sind bunt, sehr offen – und gegen jede Form von Diskriminierung – so wie man es sich erträumt. Einfach zum Brückenbauen …"

Wir haben schon über deine Beziehung zur Kunst gesprochen. Du bist sozusagen Frau Emotionalität, weil die Kunst eine Sprache ist und du sprichst sie sehr gut. Sie findet Ausdruck in Buchstaben, in Zungenschlägen, in Tönen, Instrumenten oder in verschiedenen Farben. Was ist das Gefühl, das dich dazu bringt oder was ist in deinem Inneren, das dich dazu anregt?
„Die Kunst ist eine Sprache, das ist richtig. Und um diese Sprache zu beherrschen, muss man ‚die Buchstaben' beherrschen, die Methodik der Sprache. Dafür habe ich zum einen 12 Jahre studiert, aber zum anderen habe ich ab dem Moment, in dem ich das Studium beendet habe, begonnen meinen eigenen Stil zu entwickeln. Mein erstes Diplom in Kairo, sowie mein zweites und die Meisterschule hier in Leipzig hatten dieses Ziel, und zwar in drei Kategorien: vom Menschen, für Menschen, über die Menschen. Warum? Ich habe zahlreiche Ausstellungen unter der Thematik ‚Begrenzungen' gemacht. Denn Kunst ist eine Lupe

für große Situationen, damit die Menschen zum Nachdenken angeregt werden. Kunst bedeutet für mich nicht das Bild einer nackten Frau im Schlafzimmer oder eine Obstschale im Esszimmer oder die Blumenvase im Wohnzimmer. Kunst hat für mich immer etwas mit Psychologie, mit Philosophie und Politik zu tun. Das sind große Beziehungen, um auch etwas in der Gesellschaft zu bewegen. Jeder Mensch kann sich dadurch diese Frage stellen: Bin ich wirklich so, wie ich sein möchte? Denn zu Beginn haben mich Familie, Religion und Kultur wie einen Teig geformt … Und dann kommen die Antworten: Einer sagt, ich bin ein Revolutionär. Ich ändere alles und mache etwas anderes aus meinem Leben. Ein anderer sagt: Ich will sehr gern etwas anders in meinem Leben gestalten – aber ich schaffe das nicht allein. Und ein Dritter bleibt passiv bis zum Tod. Er bewegt sich keinen Schritt, und er bleibt in dieser Passivität, bis sie ihn frisst und er irgendwann stirbt – und dann war das sein Leben. Tatsache ist: Jeder Mensch hat Entscheidungsmöglichkeiten, wie er sein Leben gestalten möchte. Dazu muss man nicht Künstlerin oder Künstler sein – aber von diesen erwarte ich, dass sie mit ihrer Kunst Licht geben, dass sie Emotionen zulassen, die manchmal im Verborgenen sind.

Ein anderes Ziel, das eng mit dem ersten verknüpft ist, ist die Durchsetzung der Menschenrechte – das Hinweisen auf die Notwendigkeit der Einhaltung der Menschenrechte: die Trennung von Staat und Religion; gegen Schuldgefühle durch moralische Unterdrückung, gegen sexuelle Unterdrückung, gegen den Paragraph 218; für Selbstbestimmung für alle Frauen, Meinungsfreiheit – das alles ist Ziel meiner Kunst. Das wiederhole ich immer wieder, um etwas zu ändern und um Alarm zu schlagen – und um Gefühle zu wecken und zuzulassen. Ich habe auch für die Homosexualität gemalt, obwohl ich selber nicht so bin. Aber ich wollte dieses Recht auf selbstbestimmtes Leben unterstützen. Jeder Mensch, jedes Gefühl und jede Lebensart sollte mein Problem sein. Denn das ist eben das Hauptproblem: Jeder greift jeden an. Wozu? Die einen sind so, die anderen so. Die einen sind jüdisch, die anderen muslimisch oder christlich. Die einen arabisch, die anderen europäisch … Krach, Kriege, bei jedem Anlass. Selbst in einem Café, wenn eine Gruppe von Menschen zusammensitzt. Man hört in den Gesprächen manchmal die Verachtung füreinander … Guck mal, wie die aussieht! Hast du den gesehen? Na und? Lass sie doch so aussehen. Es ist doch ihr Recht! Solange einer den anderen nicht angreift oder dem anderen seine Freiheit nimmt, kann jeder leben, wie er möchte. Dieses ständige Lästern und die Angriffe haben eigentlich gar keinen Sinn und keine Erkenntnis. Das bereichert das Leben nicht. Vielleicht kommt dies von einem Mangel an Interessen. Wenn jemand kein erfülltes Leben hat, muss er vielleicht jemanden anderen angreifen. Aber ich brauche keinen Feind."

Wie hast du das revolutionäre Geschehen in Ägypten künstlerisch umgesetzt?
„Für das Buch „Kinderrevolution" von Nabil Khalaf habe ich Übersetzung und Illustrationen gemacht. Das ist eine wunderbare Geschichte. Die Bücher „Gabe" und „Kinderrevolution" sind Betrachtungen darüber, welche Motivation jeder einzelne Mensch hat, um NEIN zu sagen gegen jede Form von Gewalt. Die Illustrationen im Buch sprechen auch diese Sprache."

Du wurdest als Kulturbotschafterin für Ägypten ausgezeichnet. Ehrt dich das?
„Jeder Mensch ist ein Kulturbotschafter für sein Land. Natürlich freue ich mich über diese Anerkennung. Aber ich bewerte das nicht so hoch. Es ist schön und ich bin dankbar, aber es ändert mein Leben nicht. Auch die Goldmedaille für mein Lebenswerk von der Kulturabteilung der ägyptischen Botschaft freut mich, denn ich bin ja noch nicht einmal 50. Das ist selten für einen Künstler oder eine Künstlerin. Und ich freue mich, dass ich es geschafft habe, von meiner Kunst zu leben. Das war wirklich ein harter Weg – und ganz wenig Geld. Und ich bin froh, diese Bücher zeigen zu können. Ich glaube, jeder weiß, dass man mit Büchern nicht viel Geld verdienen kann – aber sie sind einfach da. Das ist mir wichtig. Sie sind wie Kinder, die ich bekommen habe. Und fruchtbar in diesem Sinne, kann eine Künstlerin oder ein Künstler immer sein. Dazu braucht es kein begrenztes Alter – für Bücher gibt es keine Wechseljahre." (lacht)

Mona sagt: „Ich bin schon allein gegen die Ablehnung einer Person", und ich fühle mich noch wohler, heute bei ihr eingeladen zu sein. Ich finde es schön, dass Mona vor mir sitzt und mir so viel erzählt. Von ihrem Lachen habe ich mich anstecken lassen und dabei haufenweise Nüsse und Weihnachtssüßkram gegessen. Der Besuch bei Mona war sehr angenehm. Ich danke ihr für ihre Offenheit und bin froh, dass es so nette Menschen wie sie in Leipzig gibt.

Charlotte traf Mona am 23.11.2012

Katrin Beuchel

Das Leipziger Stadtbad: Eine Oase im orientalischen Stil

Eine orientalische Oase am Rande von Leipzigs Zentrum. Als solche galt einst das historische Stadtbad.
Der prächtige Baustil und die faszinierende Atmosphäre versetzten seine Gäste in die Zeit von Tausendundeiner Nacht und machten es somit zum Anziehungspunkt für unzählige Besucher aus Leipzig und seiner Umgebung.

Ruheraum der Damensauna erster Klasse, November 2012

Architekt dieser Oase war Otto Wilhelm Scharenberg (1851-1920) – Stadtbaurat und Leiter des Hochbauamtes in Leipzig. Er war verantwortlich für zahlreiche Bauten, wie beispielsweise das Reichsgerichtsgebäude, das heute als Bundesverwaltungsgericht genutzt wird, das St.-Georg-Krankenhaus in Eutritzsch, das Städtische Leihhaus und viele mehr.
Scharenberg hatte den Ruf, in dem, was er tat, sehr gewissenhaft zu sein, und so wurde er mit dem Bau jener Badeanstalt beauftragt. Dieser Auftrag war eine Herausforderung, zumal

durch den wirtschaftlichen Aufschwung gegen Ende des 19. Jh. die Erwartungen immer mehr anstiegen. Das Stadtbad sollte so modern wie nur irgend möglich sein, damit Leipzig eine herausragende Stellung im Badewesen einnehmen konnte. Die Planung beanspruchte beinahe zehn Jahre. Immer wieder gab es Diskussionen hinsichtlich der Qualität. Scharenberg bestand auf einer prachtvollen und hochwertigen Ausführung. Er berief sich auf sein profundes Fachwissen und war der Ansicht, dass eine solide Ausstattung später anfallende Unterhaltungskosten senken könne. Dabei beabsichtigte er keinen Luxus. Die Badeanstalt sollte ihre Besucher lediglich beeindrucken und eine positive Wirkung auf sie haben.

Für die technisch optimale Umsetzung der Baupläne nutzte er die Erfahrungen der bereits erbauten modernen Badeanstalten anderer Städte. Jedoch gab es zu Beginn des 20. Jh. nicht allzu viele architektonische Vorbilder beim Bäderbau, da er sich in dieser Form erst ganz neu entwickelte. Diese Tatsache lässt sich zurückführen auf die sich ändernde Badekultur. Es herrschte eine Art Aufbruchstimmung zu jener Zeit, in der auch der Jugendstil aufkam. Man wollte die Alltagswelt ästhetisch gestalten und aus der monotonen Industrielandschaft der anwachsenden Städte ausbrechen. Das eigene Individuum steht im Mittelpunkt und auch das Bewusstsein für den eigenen Körper wächst. Dies zeigt sich beispielhaft in der Entfaltung der Freikörperkultur.

Auch in einem Stadtbad ging es nicht mehr nur um Körperhygiene, sondern ebenfalls um sportliche Freizeitbetätigung und Entspannung in den sogenannten Schwitzbädern. Deshalb orientierten sich die Architekten an Funktionsweise und Gestaltung römischer und islamischer Bäder.

Dank Scharenberg sollte nun auch Leipzig ein modernes Bad besitzen. Denn schwimmen konnte man hier bislang nur in Flüssen und Freibädern. Doch mit der neuen Badeanstalt konnte der Bevölkerung das ganzjährige Baden ermöglicht werden – unabhängig von Wetter und Jahreszeit.

An das Stadtbad wurden jedoch hohe Anforderungen gestellt. So sollte es eine Vollbadeanstalt sein, mit getrennten Schwimmbereichen für Männer und Frauen. Ebenso wünschte man sich Wannen- und Schwitzbäder, nach erster und zweiter Klasse getrennt, sowie medizinische Bäder wie Moor-, Sole-, Schwefel- und eisenhaltige Stahlbäder. Einrichtungen für Kaltwassergymnastik, Massagebehandlungen und Inhalationen wurden ebenfalls in die Planung einbezogen. Zur Ausstattung sollte ein Friseursalon für Männer und Frauen gehören sowie ein gastronomischer Bereich, in dem sich die Badegäste kulinarisch verwöhnen lassen konnten.

Im Vordergrund stand die ästhetische Gestaltung des Bades. Alle Räume sollten hell und freundlich sein und eine einladende Wirkung erzielen.

Auch der Standort war bei der Planung von großer Bedeutung: Das Bad liegt zwischen dem Leipziger Zentrum und dem Stadtteil Gohlis, der zu damaligen Zeiten ein Wohnviertel für das Bürgertum war. Die Lage des Stadtbades ist somit bewusst gewählt: zum einen nahe der Stadtwerke, so dass die entstehende Wärme für das Heizen des Bades genutzt werden konnte, und zum anderen in der Nachbarschaft des gehobenen Wohnviertels, um sich das entsprechende Klientel zu sichern. Außerdem musste das Bad gut erreichbar sein. Bis heute ist es an einen Verkehrsknotenpunkt angeschlossen, und zwar unmittelbar an einer Hauptstraße, die eine Verbindung zwischen der Innenstadt und der Nordvorstadt herstellt und in der mehrere Straßenbahnlinien verkehren.

Im Jahre 1916 war es dann soweit. Nach einer dreijährigen Bauphase wurde das Stadtbad fertiggestellt. Endlich öffnete es seine Pforten für zahlreiche Gäste, die in dieser prunkvollen Dreiflügelanlage den Alltag vergessen und sich in orientalischem Ambiente ausruhen und entspannen wollten.

Für Männer und Frauen gab es getrennte Schwimmbecken, wobei das größere den Männern vorbehalten war. Es verfügte zudem über ein Drei-Meter-Sprungbrett und eine, für damalige Verhältnisse, außergewöhnliche Wellenanlage, die bis zu ein Meter hohe Wellen produzieren konnte.

Die strikte Geschlechtertrennung wurde in den 30er Jahren ein wenig gelockert, indem es einen Badetag in der Woche gab, an dem Männer und Frauen gemeinsam das kühle Nass genießen konnten. Nach dem Zweiten Weltkrieg wurden die getrennten Badebereiche dann endgültig aufgehoben, und so kamen auch

die Frauen in den Genuss der hohen Wellen, die ihren Besuchern das Gefühl eines Badevergnügens im Meer vermitteln sollten.
Daneben bot das Stadtbad seinen Besuchern zahlreiche therapeutische und medizinische Anwendungen. So gab es nicht nur Wannen- und Schwitzbäder, sondern beispielsweise auch sogenannte Vierzellenbäder, bei denen Arme und Beine in jeweils getrennte Teilbäder getaucht und mit galvanischem Strom behandelt wurden, wodurch sich die Durchblutung der Muskulatur und die Funktionsfähigkeit der Nervenfasern verbessert. Nicht nur in punkto moderne Technik, sondern noch in einem anderen Bereich entfernte sich die Badeanstalt erheblich von traditionellen orientalischen Vorbildern. Im Untergeschoss befand sich ein Hundebad, wo diese im Orient höchstens als Jagdhund geschätzte Tierart ebenfalls dem Badevergnügen frönen und sich im Anschluss daran im beheizten Zwinger entspannen konnte. In den 1980er Jahren wurde das Hundebad aufgegeben und zum Kindertherapiebecken umfunktioniert, um hauptsächlich Kinder mit Behinderungen zu behandeln.
In den Krisenzeiten nach dem zweiten Weltkrieg hatten die Räumlichkeiten des Stadtbads kurzzeitig auch mal als Klassenzimmer gedient, denn viele schulische Einrichtungen waren teilweise derart zerstört, dass sie nicht mehr genutzt werden konnten. So wurde das Gebäude äußerst vielfältig beansprucht, so wie auch noch gegenwärtig. Doch dazu später mehr.

Zahlreiche Attraktionen lockten die Besucher in das Bad. Es ließ sie mit seinem monumentalen Bau und mit seiner einmaligen Atmosphäre sprichwörtlich in eine andere Welt eintauchen.
Die Hauptattraktion der Oase stellt die sich im Obergeschoss befindliche Damensauna dar, die mittlerweile unter Denkmalschutz steht. Sie ist unterteilt in erste und zweite Klasse. Der Unterschied besteht jedoch nicht in der Qualität oder im Umfang der Angebote. Einzig die Ausstattung und der erhöhte Eintrittspreis führten zu dieser Abstufung.
In den Ruheraum erster Klasse gelangt man durch eine kleine Säulenhalle. Die schlanken Säulen sind mit farbigen Kapitellen versehen und überdeckt von bemalten Zackenbögen. In der Mitte des Raumes steht ein Brunnen, ornamental verkleidet mit bunten

Ruheraum der Damensauna erster Klasse, November 2012

Fliesen, ganz im maurischen Stil. Ebenso sind die Außenwände dieses Raumes gestaltet. Große Fenster durchfluten ihn mit Licht und unterstreichen das freundliche, märchenhafte Ambiente. Ein Spiel aus Licht und Schatten entsteht durch den Wechsel zwischen hellen und dunklen Mosaiksteinen. Den prachtvollen Saal überdacht eine Stuckdecke, die mit aufwendig vergoldeten Leisten und ornamentalen Malereien versehen ist.

Auch in den Saunabereichen sind die Außenwände mit Wandfliesen, ebenfalls im maurischen Stil, verziert. Hellblaue Säulen mit vergoldeten Kapitellen umsäumen die Wasserbecken. Auch an den Fenstern ist die maurische Architektur in Form von kleinen Säulen und Rundbögen präsent. Will man weiter zu den Duschräumen gehen, durchschreitet man einen prächtigen Hufeisenbogen. Außerdem wird ein weiteres maurisches Symbol aufgegriffen und in die Architektur einbezogen: ein achteckiger Stern verziert die Decke des Saunabereichs.

All diese dekorativen Elemente lassen Grund zur Annahme, dass die Gestaltung an die islamische Bäderkultur und an den arabischen Baustil angelehnt ist, wo ornamentale Dekorationen dominieren, jedoch Malereien, wie sie häufig in europäischen Gebäuden zu finden sind, traditionell unüblich sind. Das Abbild eines Lebewesens darzustellen, wird im islamisch geprägten

Bereich als eine Art Anmaßung empfunden. Einzig Gott ist die Schöpferkraft vorbehalten. So heißt es in den Überlieferungen (hadith):

„Und wer ist frevelhafter, als wer sich anschickt, so zu schaffen, wie ich (Gott) schaffe …"

Sowohl die arabische Schrift als auch die aufwendig gestaltete Ornamentik dienen in der islamischen Kunst als dekoratives Mittel. Verzweigungen, Kreise, Wiederholungen in symmetrischer Anordnung spiegeln die Harmonie der kosmischen Ordnung. Typisch für die arabische Architektur im Allgemeinen sind der von Arkaden umsäumte Innenhof, der zentrale Brunnen und Wasserbecken, aufwendige Wanddekorationen, zum Teil auch Kuppeln …

Etliches davon hat sich Otto Wilhelm Scharenberg zu eigen gemacht und in die Konstruktion dieser prachtvollen Anlage einfließen lassen. Überall in dem Gebäude sind verzierte Säulen und Rundbögen zu finden. Es wird vermutet, dass die Alhambra in Granada zur Orientierung diente.

Betrachtet man heute die einstige Vielzahl der im Stadtbad angebotenen Attraktionen, so wird schnell deutlich, dass das Stadtbad zahlreiche Arbeitsplätze bot. Vom Kassierer über Gastronomen, Therapeuten, Kosmetiker, Techniker, Bademeister und nicht zu vergessen die Taucher, die sich einmal wöchentlich um die beim Baden verloren gegangenen persönlichen Gegenstände der Gäste kümmerten, wie beispielsweise Schmuck, Eheringe, vielleicht auch Zahnprothesen etc.

Das Stadtbad war somit nicht nur in Bezug auf Freizeit und Gesundheit, sondern auch in wirtschaftlicher Hinsicht eine wichtige Institution für Leipzig. War? Leider ja, denn auch hier nagte der sogenannte Zahn der Zeit, und somit wurde das Gebäude zunehmend marode. In den 80er Jahren wurden noch einmal Rekonstruktionsarbeiten durchgeführt, um das Stadtbad zu erhalten, doch leider reichten auch diese nicht aus, um dem zunehmenden Verfall Einhalt zu gebieten.

So kam es nun, dass die Pforten dieser orientalischen Oase im Juli 2004 nach fast 90 Jahren, auf Grund von Baufälligkeiten geschlossen werden mussten, nachdem sich in der Männerschwimmhalle ein zehn Kilo schweres Deckenstück gelöst hatte und in das Becken gestürzt war. Man kann jedoch von Glück sagen, dass sich dies außerhalb der Öffnungszeiten ereignet hatte, so dass es nicht zu einem schwerwiegenden Unfall gekommen war.

Mittlerweile scheint das Stadtbad seine Pracht und Herrlichkeit verloren zu haben. Vorbei sind die Zeiten, in denen der Gast eine Auszeit nehmen und sich im märchenhaften Ambiente erholen und wohlfühlen konnte. Wenn man heute die Eutritzscher Straße entlangfährt, in der sich das Bad befindet, so entdeckt man lediglich ein graues, mit Plakaten bedecktes, baufälliges Gebäude. Nur die alteingesessenen Leipziger wissen, wie es einst gestrahlt hatte und somit ein Magnet war für zahlreiche Besucher. Für Ortsfremde jedoch ist diese Vorstellung heute völlig absurd. Sie werden eher abgeschreckt von den grauen Mauern, den mit Holz vernagelten Türen und Fenstern, den Graffiti und den zahlreichen Werbeplakaten für Veranstaltungen, die entlang des Gebäudes und seines Zaunes hängen.

Doch was soll nun aus dem einst so prächtigen Bad, das auch für das Leipziger Stadtbild von Bedeutung war, werden? Soll es nun vollständig zur Ruine verkommen, so dass man sich nur noch aus den Bildern der Vergangenheit einen Eindruck darüber verschaffen kann, wie sehenswert dieses Bad zu seiner Glanzzeit gewesen ist?
Die Zukunft galt jahrelang als ungewiss. Jedoch gibt es einen neuen Plan für die orientalische Oase, der viele alteingesessene Leipziger aber auch Hinzugezogene erfreuen dürfte. So soll das Stadtbad zu seinem 100. Geburtstag im Jahre 2016 in neuem Glanz erstrahlen. Da ohne die entsprechenden finanziellen Mittel keine Instandsetzung einer derart großen Anlage möglich ist, wurden zahlreiche Aktionen ins Leben gerufen, welche die Zukunft sichern sollen.
Speziell die gemeinnützige Förderstiftung Leipziger Stadtbad

wurde dafür gegründet, um ein Konzept zum Erhalt der Bausubstanz zu erstellen und Gelder für die Sanierung zu sammeln. Das Stadtbad soll somit wieder nutzbar gemacht werden und sowohl für Sport, Gesundheit und Freizeit eine bedeutungsvolle Einrichtung werden. Jedoch wird es das Bad, so wie es viele hiesige Bürger Leipzigs von früheren Zeiten her kennen, nicht mehr geben, da es schlichtweg nicht mehr wirtschaftlich wäre. Die Badekultur hat sich im Laufe der Zeit verändert. Mittlerweile sind Badegäste nicht nur mit einer Wellenanlage zu begeistern, sondern hegen gesteigertes Interesse an weiteren Attraktionen wie beispielsweise Rutschen, Whirlpools, Freiluftbädern, Wasserfällen, Fontänen und vielem mehr. Darüber hinaus existieren heutzutage kaum noch Schwimmbäder, in denen nicht auch Spa-Angebote mit Massagen, verschiedenen Saunen etc. dem Gast offeriert werden.
All jene Wünsche der zukünftigen Kunden müssen mit in die Planung einbezogen werden. Der Gast von heute ist anspruchsvoller geworden und hat in großen Städten wie Leipzig eine große Auswahl an Schwimmbädern. Das Stadtbad kann eine reizvolle Alternative sein, wenn es zu seiner Einzigartigkeit zurückfindet. Es muss den Gast erneut verzaubern und mit seinem märchenhaften Ambiente einladen, in den Orient abzutauchen.
Bei Führungen durch das Leipziger Stadtbad, die von der Förderstiftung organisiert werden, kann man sich einen Eindruck vom derzeitigen Zustand verschaffen.

Es ist erstaunlich, wie Verfall und Pracht hier unter einem Dach vereint sind. So erscheint der Eingangsbereich erstaunlich gut erhalten und gepflegt. Selbst die Originalfliesen sind hier in einem außergewöhnlich guten Zustand. Doch geht man von hier weiter in die Kellerräume oder in die ehemalige Frauenschwimmhalle, so verrät die Anlage ihr tatsächliches Alter.
Die sogenannte Männerschwimmhalle hingegen macht einen renovierten und ebenfalls gepflegten Eindruck. Doch nach wie vor ist das Juwel des Stadtbades die Damensauna, die den Besucher mit ihrem orientalischen Charme in die Märchen von Tausendundeiner Nacht versetzt. Die malerischen Wandmo-

Ausschnitt der Frauenschwimmhalle, November 2012

saiken, die Deckenverzierungen, die prächtigen Säulen – all das ist in fabelhaftem Zustand. Keine Sekunde denkt man daran, dass dies bereits nahezu hundert Jahre alt ist – mal abgesehen von den zahlreichen Renovierungen, die diese Räumlichkeiten bereits erlebt haben. Während der Führung ist der Besucher fasziniert sowohl von der Architektur als auch von den interessanten Informationen und vergnüglichen Anekdoten. Nicht zuletzt dadurch versprüht das Stadtbad nach wie vor einen enormen Charme.

Das wissen ebenfalls viele Veranstalter, Unternehmer und Fotografen zu schätzen. Häufig werden die Räumlichkeiten genutzt für Firmenfeiern, Dinnershows, Fotoshootings sowie Filmproduktionen wie die kürzlich entstandene Neuverfilmung vom Lügenbaron. Das Potential dieser Anlage wird nach wie vor erkannt und dient somit als zauberhafte Kulisse. Alle Gelder, die durch Veranstaltungen und Spenden eingenommen werden, kommen der Sanierung und somit der Neueröffnung des Bades zugute.

Ist die Zukunft dieser Oase somit gesichert?

Werden die Leipziger am Ende doch wieder zu ihrem historischen Stadtbad kommen? Es bleibt zu hoffen. Denn diese Anlage ist nach wie vor beeindruckend und lässt ihre heutigen Besucher davon träumen, wie sie einst ihre Gäste im Wohlfühlambiente in die Welt des Orients eintauchen ließ.

Zum Weiterlesen:
Giedion, Sigfried: Geschichte des Bades, Hamburg 1998.
Grotzfeld, Heinz: Das Bad im arabisch-islamischen Mittelalter, Wiesbaden 1970.
Kiby, Ulrika: Bäder und Badekultur im Orient und Okzident, Köln 1995.

Juliane Stöhr

„Zum Arabischen Coffe Baum":
Eine Reise durch die Welt des Kaffees

Kaffee ist bekanntlich der Deutschen liebstes Getränk. Genießen kann man ihn in unzähligen Varianten und Geschmacksrichtungen, und genau das tun die Deutschen auch. Laut Statistik beträgt der Durchschnittskonsum etwa 150 Liter Kaffee im Jahr – das ist sogar mehr als Wasser oder Bier.
Dabei vergisst man leicht, dass jede Tasse Kaffee einen weiten Weg hinter sich hat, nicht nur vom Kaffeestrauch bis zum fertigen Getränk, sondern auch geschichtlich, als eines der größten Kulturgeschenke des Orients an den Okzident.

Wer sich in Leipzig bei einer guten Tasse Kaffee und mehr nicht nur erholen, sondern auch sein Wissen rund um den schwarzen Wachmacher vertiefen möchte, der ist in der Kleinen Fleischergasse 4 im Herzen der Leipziger Innenstadt genau richtig, denn auch das dortige Kaffeehaus „Zum Arabischen Coffe Baum" kann eine lange und beeindruckende Geschichte vorweisen. Wer den Sachsen den Namen „Kaffeesachsen" verliehen hat, ist unklar. Die Geschichte des Getränks kann man in Leipzigs „Coffe Baum"

Der „Coffe Baum" in der Kleinen Fleischergasse

nachvollziehen. Doch dazu später, denn von der Entdeckung der Kaffeebohne bis zum weltumspannenden Siegeszuges des Kaffees war es eine lange und interessante Reise:

Obwohl die tatsächlichen Ursprünge des Kaffees bis heute im Dunkeln liegen, ranken sich dennoch verschiedene Legenden um seine Entdeckung. So berichtet eine Geschichte, ein Hirte habe eine Kaffeefrucht auf Grund ihres im rohen Zustand äußerst unangenehmen Geschmacks ins Feuer gespuckt, dabei entfaltete sich das für den Kaffee so typische Aroma und die Idee der Kaffeeröstung kam auf.
Die bekannteste Legende aber ist vielleicht die Erzählung über einen Ziegenhirten aus Kaffa in Äthiopien, der bemerkte, dass seine Tiere immer besonders aufgeweckt waren, wenn sie an einer bestimmten Stelle grasten und dabei von einem Strauch mit roten, kirschartigen Früchten fraßen. Auf der Suche nach einer Erklärung machten sich die Hirten auf zu einem nahegelegenen Kloster. Die Mönche bereiteten aus den Früchten einen Aufguss zu und stellten fest, dass sie durch den Trank bis tief in die Nacht hinein wachen konnten. Vielleicht war das ja die Geburtsstunde des Kaffees, wie wir ihn kennen.
Die Heimat des Kaffeestrauches liegt wohl tatsächlich in den Hochebenen Äthiopiens. Hier wurde bereits ab dem 9. Jh. ein Getränk aus den roten Früchten gewonnen.
Auch der berühmte persische Arzt und Gelehrte Ibn Sina, bei uns besser bekannt unter dem Namen Avicenna, erkannte bereits im 11. Jh. die anregende Wirkung des Koffeins und setzte die Kaffeebohne als Arzneimittel ein.

Der Name Kaffee leitet sich im Übrigen vom arabischen Wort „qahwa" ab. Dieses Wort bezeichnete in der altarabischen Poesie ursprünglich Wein, dessen Genuss später den Muslimen auf Grund des aus dem Koran abgeleiteten Alkoholverbotes untersagt wurde. Der mittelalterliche Dichter Abu Nuwas (gest. 815) verherrlichte allerdings entgegen aller guter Sitte seinen geliebten Rotwein und bezeichnete ihn noch als „Roten Qahwa":
„Mit rotem Kaffee streife ab Zaum und Tadel,
rote Farbe im Mondlicht verleihe ihm Adel."

Das gleichnamige heiße Genussmittel mit weniger fatalen Konsequenzen, aber dennoch anregender und leicht berauschender Wirkung entwickelte sich erst viel später zu einem wahren Volksgetränk. Ganz im Süden der Arabischen Halbinsel im heutigen Jemen finden sich ab der Mitte des 15. Jh. erste handfeste Belege für den Kaffeekonsum sufischer Mönche, die den Trank dazu benutzten, während ihrer langen Gebete wach zu bleiben. Schon sehr bald verbreitete sich der Kaffeegenuss aus diesem religiösen Umfeld heraus in die Alltagswelt. Um 1510 war das Getränk in allen größeren Städten der damaligen islamischen Welt zu finden, von Mekka bis nach Kairo. Das Kaffeehaus war geboren.

Das Handelszentrum des wertvollen Genussmittels war damals die jemenitische Hafenstadt Al-Mucha, die auch der Namensgeber des bekannten Mokka ist. Doch obwohl der Kaffeehandel Arabien auf Grund seiner Monopolstellung große Reichtümer bescherte, hatte das schwarze Gebräu auch Gegner. Von vielen wurde Kaffee von Anbeginn an als Droge wahrgenommen, und so wurden Stimmen laut, die forderten, der Kaffeekonsum sollte ebenso wie der Konsum von Wein, Haschisch und anderen Drogen unter Strafe gestellt werden, da die soziale und politische Stabilität sonst gefährdet sein könnte. Anlass für diese Befürchtungen war die rasche Ausbreitung der Kaffeehäuser, in denen nicht nur Kaffee getrunken wurde, sondern in denen man auch Geschichten, Klatsch und Tratsch austauschte, erhitzte politische und religiöse Diskussionen führte und in denen natürlich auch satirische Einlagen gegen die herrschende Klasse nicht fehlten. So verfügte der damalige Hauptaufseher Mekkas 1512 ein Verbot des Kaffeeverkaufes, welches später jedoch vom Sultan von Kairo, der selbst ein leidenschaftlicher Kaffeegenießer gewesen sein soll, wieder aufgehoben wurde.

Zusammen mit den Lehren des Islams und großen Teilen der Kultur übernahmen die Türken von den Arabern auch die Begeisterung für den Kaffee. Nicht ohne Grund wird Kaffee auch ab und an als „Türkentrank" bezeichnet, da sich die Zubereitung des Getränkes erst durch sie zur wahren Kunst entwickelte. 1555 entstand in Konstantinopel, dem heutigen Istanbul, das erste osmanische Kaffeehaus. Diese Institution erfreute sich schnell so großer Beliebtheit, dass ein französischer Reisender bereits kurze Zeit später berichtete, es gäbe 600 große und kleine solcher Kaffeehäuser allein in Konstantinopel.

Im 17. Jh. setzte der Kaffee seine Reise fort und erreichte 1615 Europa, genauer Venedig, das Zentrum des damaligen Handels mit der orientalischen Welt.
Die Araber und Türken wachten zunächst streng über das Geheimnis des schwarzen Tranks. Doch trotz des

Rekonstruktion einer orientalischen Küche im „Coffe Baum"

ursprünglichen Ausfuhrverbotes keimfähiger Bohnen begann sich der Kaffeehandel Anfang des 17. Jh. auszuweiten und Kaffeebohnen fanden ihren Weg auch in andere große europäische Hafenstädte wie London, Amsterdam und Hamburg.
Zusammen mit den Kaffeebohnen etablierte sich nun auch in Europa die Tradition des Kaffeehauses in großem Stil. Venedig war hier der Vorreiter, bereits 1645 entstand das erste Kaffeehaus am Markusplatz. Es folgten Oxford, London, Marseille, Amsterdam, Den Haag und Paris. In Deutschland wurde das erste Kaffeehaus 1673 in Bremen eröffnet.
Da Kaffee in der damaligen Zeit sehr teuer war, kam auch nur ein ausgewählter Kreis der gut betuchten Oberschicht in den Genuss der Kaffeehäuser. So verwundert es auch nicht, dass sie anfangs vor allem Orte des kulturellen Austausches wurden, an denen sich Vertreter aus Kunst und Literatur trafen. Bereits in dieser Zeit genoss man das schwarze Getränk mit Zucker, Milch

oder Sahne verfeinert und zusammen mit einem Glas Wasser. Durch den immer stärker zunehmenden Kaffeehandel wurden die Bohnen schließlich billiger, was dazu führte, dass sich nun auch Angehörige der übrigen Schichten den „Türkentrank" in den Kaffeehäusern leisten konnten. Über all diese Zeit hinweg blieb eines jedoch gleich: Die Kaffeeschenken waren wie früher im alten Mekka Orte für angeregte Diskussionen über Politik, Wirtschaft und das allgemeine Tagesgeschehen. Und auch in Europa fühlten sich die Herrscher durch das revolutionäre Potential bedroht, das sie in den Kaffeehäusern sahen. So verbot Friedrich der Große 1768 das Kaffeetrinken. Allerdings dauerte es nicht lange, bis die finanziellen Vorteile des Genussmittels überwogen: Kaffee wurde kurzerhand mit hohen Einfuhrzöllen und Steuern belegt, und das hat sich bis heute auch nur wenig geändert.

Doch kehren wir nun nach diesem kleinen Ausflug zurück zur Geschichte des „Arabischen Coffe Baumes" in Leipzig. Bereits 1556 findet das Haus in den städtischen Ratsbüchern Erwähnung.

Arabisches Kaffeegeschirr im Museum des „Coffe Baumes"

Trotz mehrerer Erweiterungsbauten steht es bis zum heutigen Tage auf seinen alten Grundmauern. In seiner Anfangszeit wurde das Gebäude noch als „Am Barfüßer Gäßgen gelegenes Haus" bezeichnet. Seinen heutigen Namen erhielt es erst 1720 im Zuge eines Umbaus, bei dem auch die bis heute für das Kaffeehaus charakteristische Portalplastik angebracht wurde, die im 18. Jh. noch farbig bemalt und vergoldet war. Zu sehen ist darauf ein Osmane mit einer großen Kanne und ein kleiner Amor, möglicherweise ein Sinnbild der Begegnung zwischen Orient und Okzident. Obwohl bis heute nicht bekannt ist, wer die markante Plastik ursprünglich gestiftet hatte, so rankt sich doch zumindest eine Legende darum: August der Starke soll mit der damaligen Wirtin Johanna Elisabeth Lehmann eine Liebelei gehabt und als Dank diese Plastik in Auftrag gegeben haben.
Schon in seinen Anfangszeiten tummelten sich in der Leipziger Kaffeeschenke berühmte Persönlichkeiten. Darunter findet man Komponisten wie Felix Mendelssohn Bartholdy, Edvard Grieg, Richard Wagner, Robert Schumann und nicht zuletzt Johann Sebastian Bach, der die berühmte Kaffeekantate komponierte, allerdings nicht für den „Coffe Baum", sondern für das Zimmermann'sche Kaffeehaus in der nahe gelegenen Katharinenstraße, wo wahrscheinlich 1734 folgende Worte von Picander in der Bach'schen Komposition uraufgeführt wurden:

> „Ei! wie schmeckt der Coffee süße,
> Lieblicher als tausend Küsse,
> Milder als Muskatenwein.
> Coffee, Coffee muß ich haben,
> Und wenn jemand mich will laben,
> Ach, so schenkt mir Coffee ein!"

Zudem bereicherten auch Schriftsteller die Leipziger Kaffeehauskultur. So waren bereits Gotthold Ephraim Lessing, Friedrich Gottlieb Klopstock, Johann Christoph Gottsched, Erich Kästner und sogar Johann Wolfgang von Goethe berühmte Gäste im „Arabischen Coffe Baum". Darauf, dass die Kaffeeschenke Treffpunkt berühmter Künstler, Dichter, Denker und Intellektueller war, darf der „Arabische Coffe Baum" mit Recht stolz sein, und so finden sich auch diverse Ausstellungsstücke der berühmten Gäste im hauseigenen Museum.

Neben dem einzigartigen Ambiente kommt auch heute noch das leibliche Wohl im „Arabischen Coffe Baum" nicht zu kurz. Im Erdgeschoss findet man die Lehmann'sche Stube, benannt nach dem „Hof-Chocoladier" Johann Lehmann, der das Gebäude 1719 zum Kaffeehaus umbauen ließ. Auch das Schumannzimmer ist hier zu finden, ebenso wie der Kaisersaal, der nach einem Leipziger Bürger benannt wurde, der dort um 1900 sein gesamtes Vermögen vertrunken haben soll. Auf dem Weg in die erste Etage befindet sich im Zwischengeschoss die „Gemütvolle Quetsche", die in lauschiger Atmosphäre Platz für 12 Personen bietet. Wer sich also mit rustikalen Speisen aus der hauseigenen Küche verwöhnen lassen möchte, ist hier genau richtig, vom Sächsischen Kartoffelsüppchen über hausgemachte Rindsrouladen bis hin zur Arabischen Geflügelpfanne bleiben keine Wünsche offen. Wem der Sinn mehr nach bürgerlich gehobener Küche steht, muss sich nur ins erste Obergeschoss begeben, in dem das Restaurant „Lusatia" mit angeschlossenem Hochzeitszimmer zu finden ist. Der Name stammt übrigens von der 1807 gegründeten Studentenverbindung Lusatia.

Das zweite Stockwerk dagegen widmet sich ganz der Kaffeebohne. Hier kann der Besucher ein Arabisches Café, ein Wiener Café und das Café Français bestaunen und neben Köstlichkeiten aus der hauseigenen Konditorei auch diverse Kaffeespezialitäten genießen. Zudem bietet der „Arabische Coffe Baum" Raum für Veranstaltungen vielerlei Art, auch orientalisch geprägten. So können sich Gäste unter anderem mit kulinarischen Köstlichkeiten aus Tausendundeiner Nacht verwöhnen lassen.

Schließlich gibt es in der dritten Etage das Kaffeemuseum zu entdecken. Über eine schmale Stiege erreicht der Besucher über 500 Exponate. Belesen kann man sich über Anbau, Verarbeitung und Vertrieb von Kaffee, verschiedene Sorten vor und nach der Röstung sind ebenfalls zu besichtigen. Durch Tafeln, die an den Wänden der jeweiligen kleinen Ausstellungsräume zu finden sind, erfährt der Gast zum Beispiel, wie Araber und Türken ihren Kaffee zubereiteten, auch sind Kaffeemörser, Vorratsgefäße und andere Utensilien aus der orientalischen Kaffeeküche zu bewundern. Doch damit nicht genug: Auch über Kaffeeröstung, Leipziger Freimaurer-Cafés, Kaffee Surrogat und vieles mehr kann man sich informieren. Dabei bietet das Haus nicht nur diverse Veranstaltungen zur Geschichte und Kultur des Kaffees, sondern auch regelmäßige öffentliche Führungen durch die ständige Ausstellung an. Wer lieber selbst auf Entdeckungsreise gehen möchte, dem stehen für einen kleinen Obolus Audioguides zur Verfügung, der Besuch des Kaffeemuseums selbst ist kostenlos.

Ein Ausflug zum „Arabischen Coffe Baum" lohnt sich in jedem Fall. Den Charme des zweitältesten Kaffeehauses in Europa, der durch ein ganz spezielles Ambiente entsteht, genießen Kaffeeliebhaber und solche, die es werden wollen, am besten bei einem „Schälchen Heeßen", wie die Sachsen ihren Kaffee liebevoll nennen, selbst wenn ein sächsischer Theologe und Pädagoge namens Carl Gottlieb Hering (1766-1853) möglicherweise schon während seines Studiums in Leipzig oder auch danach in seinem berühmten Kanon dichtete:

Das arabische Zimmer im „Coffe Baum", allerdings nur zur Besichtigung

Im Museum des „Coffe Baumes"

„C-a-f-f-e-e, trink nicht so viel Kaffee! Nichts für Kinder ist der Türkentrank, schwächt die Nerven, macht dich blass und krank. Sei doch kein Muselman, der ihn nicht lassen kann!"

Zum Weiterlesen:
http://www.coffe-baum.de/start/index.php
The World of Caffeine: The Science and Culture of the World's Most Popular Drug von Bennett Alan Weinberg, Bonnie K. Bealer.
Weinberg, Bennet Alan: The World of Caffeine: The Science and Culture of the World's Most Popular Drug, Psychology Press, 2001.
Heise, Ulla: Süße muss der Coffee sein! Drei Jahrhunderte europäische Kaffeekultur und die Kaffeesachsen. Leipzig 1994

Kristina Stock

Das Völkerschlachtdenkmal: Ein Monument mit ägyptischen Vorbildern?

Das Völkerschlachtdenkmal im Januar 2013 während der letzten Sanierungsarbeiten

2013 ist ein besonderes Jahr für Leipzig. Eines der wichtigsten Wahrzeichen der Stadt hat hundertjähriges Jubiläum. Im flachen Land ist seine Silhouette weithin sichtbar: das Völkerschlachtdenkmal, das seinerseits anlässlich eines ebenfalls hundertjährigen Jahrestages errichtet wurde. Es erinnert an das Jahr 1813, als bei Leipzig die bis dahin wohl größte Feldschlacht der Geschichte stattfand. Mehr als eine halbe Million Soldaten lieferten sich hier vom 16. bis 19. Oktober erbitterte Gefechte. Die Truppen der Österreicher, Preußen, Russen und Schweden kämpften gegen die Franzosen und deren Verbündete, zu denen im Übrigen auch die Sachsen gehörten. Es ging um die Befreiung von der französischen Vorherrschaft. Dabei wurde Napoleon Bonaparte vernichtend geschlagen, so dass er mit seiner Restarmee aus Deutschland abziehen musste. Europa konnte sich neu ordnen.

Der Traum von einem deutschen Nationalstaat war in greifbare Nähe gerückt, auch wenn er dann doch nicht so rasch realisiert wurde.
Sowohl den siegreichen Helden als auch den mehr als 100 000 Menschen, die verletzt oder gar getötet wurden, ist das Denkmal gewidmet, das heute mehr als Mahnmal denn als Triumphmonument gilt.

Battle of Leipzig 1813, Alexander Zaureweid 1844

Das kolossale Bauwerk ragt 91 Meter in den Himmel, genau an der Stelle, wo die Kämpfe am heftigsten getobt hatten und Napoleons Befehlsstand gewesen war.
Entworfen wurde es vom Berliner Architekten Bruno Schmitz (1858-1916), auf den auch das ähnlich gigantische Kyffhäuserdenkmal zurückgeht. Der erste Spatenstich erfolgte am 18. Oktober 1898 südöstlich des damals noch nicht so ausgedehnten Leipzigs, nach zwei Jahren fand die Grundsteinlegung statt. Auf den Tag genau dreizehn Jahre später erfolgte die feierliche Einweihung in Anwesenheit von Kaiser Wilhelm II., König Friedrich August III. von Sachsen, einem russischen Großfürsten, einem schwedischen Prinzen und zahlreichen deutschen

Landesfürsten.

Kunsthistoriker entdecken in dem eigentlich schlicht wirkenden Bau eine Fülle von ikonografischen Bezügen, Symbolen und Vorbildern. Auch orientalischen?

Mesopotamische Einflüsse und Ähnlichkeiten mit altägyptischen Tempelanlagen werden angeführt. Vier Pylonen stehen am Eingang zum imposanten Denkmalbezirk mit seinen beiden Zugangswegen rechts und links eines 162 x 79 m großen Wasserbeckens, hinter dem sich das eigentliche Denkmal ehrfurchtgebietend zum Himmel erhebt. Und sonst? Islamische Architektur? Auf den ersten Blick findet man keinerlei Ähnlichkeit mit Bauten in Nordafrika oder dem Nahen Osten. Keine Bögen, Kuppeln oder fayenceverzierte Fassaden. Vielleicht die symmetrische Außenanlage, wo sich das mächtige Bauwerk im rechteckig gemauerten „See der Tränen" spiegelt? Solche Effekte kennt man aus der Alhambra. Aber das kann nicht alles sein. Ist es vielleicht der Grundriss des Denkmals, der sich am Salomonischen Tempel orientiert? Der Initiator des Projektes, Clemens Thieme (1861-1945), war immerhin Altlogenmeister der Freimaurerloge „Apollo". Neben den unter seiner Leitung vom „Deutschen Patriotenbund zur Errichtung des Völkerschlachtdenkmales bei Leipzig" gesammelten Spendengeldern ließ er auch seine Ideen in den Bau einfließen. Dadurch fanden die orientalisierenden Architekturelemente der Freimaurerlogen Berücksichtigung. Dennoch, das Denkmal sollte eigentlich typisch Germanisches symbolisieren und dabei etwas völlig Neuartiges in der Architektur darstellen.

Die zentrale untere Fassade ist von einem 19 m hohen und 60 m breiten Relief überzogen, bei dem zumindest die flächig ausge-

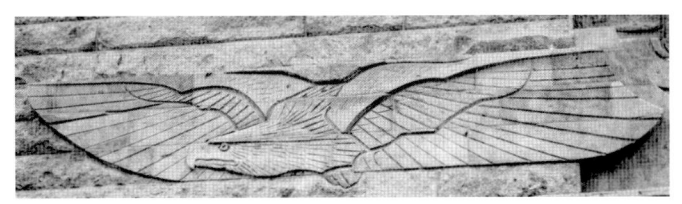

Adler an der Fassade des Völkerschlachtdenkmals

breiteten Adlerflügel an ägyptische Vorbilder erinnern, die als Flachreliefs die gewaltigen Quader der Bauwerke zierten. Wenn man dann einem der außen verlaufenden seitlichen Treppenaufgänge folgt und durch die moderne Drehtür das Innere des Denkmals auf seiner mittleren Ebene betritt, fällt der Blick auf vier archaisch wirkende Kolossalstatuen, die das Rund des gigantischen Raumes, der sogenannten Ruhmeshalle, flankieren. Dämmerlicht und feierliche Musik aus versteckten Lautsprechern sorgen für eine mystische Stimmung.

Die vier steinernen Riesen personifizieren die Tugenden, die in den Befreiungskriegen 1813-15 propagiert wurden: Tapferkeit, Glaubensstärke, Volkskraft, Opferbereitschaft. Man hatte sich auf christliche Werte und deutsche Traditionen besonnen, um ein Gegengewicht zu den aufklärerischen Tendenzen der Franzosen zu schaffen. Der deutsche Dichter Ernst Moritz Arndt (1769-1860) machte es in jener kritischen Zeit zur moralischen Pflicht eines jeden Deutschen, das „heilige Vaterland" gegen den ungläubigen Feind zu verteidigen. Friedrich Wilhelm III. stiftete 1813 für die Mützen der preußischen Landwehrsoldaten ein

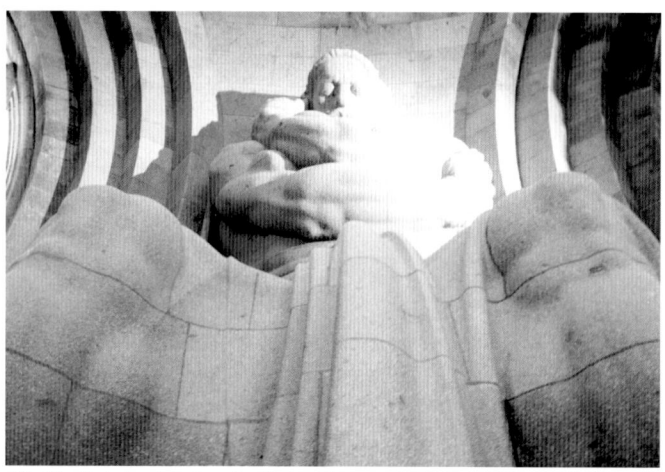

Die Tapferkeit, eine der vier Tugenden, symbolisiert durch mächtige Sitzstatuen in der Ruhmeshalle des Völkerschlachtdenkmals

metallenes Abzeichen, das Landwehrkreuz, auf dem die Losung stand: „Mit Gott für König und Vaterland". Die dazu erforderliche Tapferkeit und Opferbereitschaft würden im Jenseits belohnt werden.

Tapferkeit, Glaubensstärke, Volkskraft, Opferbereitschaft – diese Werte sind gar nicht so ausschließlich germanisch und christlich, wie suggeriert wurde. Sie spielen genauso in anderen Kulturen eine bedeutende Rolle und werden auch dort gerade in Krisenzeiten aktualisiert, um die eigenen Reihen zu mobilisieren. Tapferkeit und Opferbereitschaft wurden beispielsweise schon auf der Arabischen Halbinsel in den Stammeskämpfen um Wasser und Vieh immer wieder postuliert, und zwar lange, bevor der Islam offenbart wurde. Der Prophet Muhammad rückte dann zusätzlich die Glaubensstärke in den Mittelpunkt moralischer Ideale. Den Begriff „Volkskraft" gibt es zwar im Arabischen nicht, doch seine patriotischen Assoziationen in Verbindung mit einem bestimmten arabischen Volk, etwa dem ägyptischen, syrischen, irakischen oder palästinensischen, spielen zumindest seit dem 20. Jh. in den Reden arabischer Politiker eine herausragende Rolle.

Doch solche Parallelen sind konstruiert. Für den orientalischen Einfluss gibt es einen deutlicheren Anhaltspunkt. Denn die vier Tugend-Skulpturen haben bekannte Vorbilder. Das bleibt einem aber zunächst verborgen, sogar dann, wenn man diese schon einmal im Original gesehen hat. Kaum jemand wird in dem ehrwürdigen Halbdunkel der kalten Ruhmeshalle an die beiden vom Alter gezeichneten exotischen Sitzskulpturen erinnert, die unter der gleisenden Wüstensonne im fernen Afrika seit mehr als 3 300 Jahren die Ankommenden beeindrucken, seien es Griechen oder Römer in der Antike, die Soldaten Napoleons oder die Touristenströme der Gegenwart. Der Bildhauer Franz Metzner (1870-1919) hingegen hat sehr wohl die berühmten Memnonskolosse im Niltal bei Theben vor seinem geistigen Auge gehabt, als er seine Plastiken für das Leipziger Denkmal entwarf. Starr und gewaltig sitzen jene altägyptischen Wächterfiguren da, aus hellem Quarzit gehauen. Einst bewachten sie den Totentempel von Amenophis III. Davon spürt man heute nichts mehr,

Einer der beiden Memnonskolosse in Theben-West

denn der Tempel ist nicht erhalten. Umso allmächtiger und erhabener wirken die beiden Riesen nunmehr, da sie ganz allein das flache Westufer des Nils überschauen, im Rücken die schützenden Felsen, in denen auch das berühmte Tal der Könige liegt. Skulpturen von derartig tektonischer Erstarrung schuf auch Franz Metzner, der in der Tradition des Symbolismus und der Wiener Secession stand. Es wundert nicht, dass er sich die Memnonskolosse zum Vorbild nahm. Vielleicht dachten die Schöpfer des Völkerschlachtdenkmals an die Worte von Ernst Moritz Arndt, der selber an der Leipziger Schlacht teilgenommen hatte und ein Jahr später ein Denkmal zu Ehren der Gefallenen forderte: „Groß und herrlich" sollte es sein, „wie ein Koloss, eine Pyramide, ein Dom zu Köln."
Es liegt nahe, dass die ehrgeizige Vision, eines der größten Denkmäler Europas zu schaffen, nicht ohne den Blick auf andere gigantische Bauwerke geboren werden konnte. Und was gibt es schon Größeres und Dauerhafteres als die Monumente des Alten Ägypten, die starr und unverrückbar erscheinen. Und unverrückbar, dauerhaft und erhaben sollte offenbar auch das in Leipzig erbaute Denkmal mit seinen stolzen Skulpturen sein. Zwar reichen die vier Sitzstatuen in der Ruhmeshalle mit ihren

9,5 Metern Höhe nicht an die immerhin 18 Meter hohen ägyptischen Kolosse heran, aber eine gigantische Wirkung hinterlassen sie allemal, wenn die zwergenhaften Besucher zu ihnen aufblicken müssen. Das Majestätische, Erhabene mag tatsächlich an die ägyptischen Totenwächter erinnern. Auch die sitzende Position und die riesigen Füße, die sich zuerst erschließen, wenn man die Figuren aus unmittelbarer Nähe betrachtet. Vertieft man sich allerdings in die Gesichter und die Geschichten, die von ihnen erzählt werden, wird man doch von einer gewissen Dynamik mitgerissen, die den ägyptischen Vorbildern fehlt. Die Bewegtheit der Oberkörper und die kraftvolle Gestaltung der Arme erinnern eher an Michelangelos muskulöse Sibyllen in der Sixtinischen Kapelle. Lediglich die groben Gesichtszüge sind genauso wenig individuell gestaltet wie bei den Memnonskolossen. Alle vier Vertreter der deutschen Tugenden wirken in sich gekehrt und losgelöst von der Welt. Sie vermögen es nicht, den Betrachter anzusprechen, denn sie stehen nicht nur räumlich über ihm. Damit sind sie geeignet, dass man zu ihnen aufschaut. Vielleicht bewundert man sie, aber verbünden kann man sich mit ihnen nicht. Man fühlt seine Kleinheit und Zufälligkeit angesichts der verkörperten Absolutheit ebenso

Die Opferbereitschaft als eine der Tugenden in der Ruhmeshalle des Völkerschlachtdenkmals

wie beim Anblick der altägyptischen Monumentalplastiken.
Die Ähnlichkeit zu den Memnonskolossen erschließt sich also
nicht zwingend. Gewiss gibt es auch beim Gewicht der Statuen
Unterschiede. Die Leipziger wiegen jeweils 400 Tonnen. Die
Gelehrten und Ingenieure, die im Rahmen der sogenannten
Napoleon-Expedition 1798 bis 1801 mit der Erforschung
Ägyptens betraut waren, bestimmten das Gewicht der beiden
Kolosse im Niltal annähernd genau auf mehr als 700 bzw. 500
Tonnen.
Hat Franz Metzner gewusst, dass die Franzosen von den
Memnonskolossen dermaßen beeindruckt gewesen waren? Sollte
der Ruhm dieser Statuen gleich einem Omen nach Deutschland
geholt werden, um den ehemaligen Feind Frankreich abzuschrecken, um noch nachträglich über den Gegner aus der
Völkerschlacht zu triumphieren, den man ein Jahr nach der
Einweihung des Völkerschlachtdenkmals wieder in einem furchtbaren Krieg bekämpfen würde? Nun gut, die Konstellationen
des Ersten Weltkrieges hatte der Bildhauer nicht vorhersagen
können. Doch die Ereignisse der bisherigen Geschichte waren
durchaus geeignet, Nationalstolz zu schüren. Napoleon hatte
Ägypten wieder verlassen müssen, zwanzigtausend Franzosen
hatten entweder in den Kämpfen mit Osmanen und Briten ihr
Leben gelassen oder waren Hitze und Seuchen zum Opfer
gefallen. Zwölf Jahre danach sollte Napoleon abermals eine
schwere Niederlage hinnehmen, diesmal in der Völkerschlacht
bei Leipzig. Ägyptische Giganten hatten dabei nicht ihre Hände
im Spiel gehabt. Aber hundert Jahre später gefiel man sich
möglicherweise bei der Konstruktion derartiger Parallelen, zumal
der Nationalstolz der Deutschen durch den gewonnenen
Deutsch-Französischen Krieg von 1870/71 erneut Auftrieb
bekommen hatte.
Die Motive, das Völkerschlachtdenkmal mit orientalischen
Elementen zu versehen, sind heute nicht mehr eindeutig nachvollziehbar. Es mögen die freimaurerischen Einflüsse durch
Clemens Thieme gewesen sein, es kann der Hang zu Pathos und
Bombast dahinterstecken, der aus den wirtschaftlichen und
politischen Erfolgen jener Jahre erwachsen war. Leipzig als
Besitzer von Europas größtem Kopfbahnhof, Europas größtem

Rathaus, Europas größter Bibliothek und auch Europas größtem Denkmal.

Der im Mittelalter so glanzvolle und nunmehr so romantischverklärte Orient als ästhetisches Leitbild? Unbestritten waren bereits im 19. Jh. orientalische Stilformen so richtig in Mode gekommen. Überwunden war die sogenannte Türkenangst, die zu Luthers Zeiten die Menschen erfasst hatte. Man konnte sich in seiner Überlegenheit großmütig der Kultur des ehemaligen Feindes öffnen. Seit der Napoleon-Expedition war ohnehin das Interesse an jener exotischen Welt erwacht. Kolonialistische Ambitionen taten ihr Übriges. Gesellschaftliche Umstrukturierungen, pluralistische Denkweisen, breiterer Wohlstand gingen schließlich einher mit einer Liberalisierung der Kunst, die Karl Otto Hartmann in seiner 1898 in Leipzig erschienenen „Stilkunde" so beschrieb: „Heute arbeitet die Kunst nicht wie früher für die Kirche oder das Prunkbedürfnis eines Standes, sondern die Gesamtheit des Volkes ist Konsument … Wir verfügen heute, im Zeitalter des Verkehrs auf allen Gebieten, über alle Sprachen in der Kunst, alle Stilarten und können dieselben so verwenden, wie es uns in jedem einzelnen Falle gut und zweckmäßig erscheint … Was uns heute an den zum großen Teil vorzüglichen Leistungen der Baukunst und des Kunstgewerbes wie der gesamten bildenden Künste als erfreuliches Zeichen zu Tage tritt, ist die Wiedergewinnung eines geläuterten, kunsterfüllten Geschmacks, der die historischen Stile in ihrem Kulturzusammenhang zu erschaffen versteht und mit souveräner, künstlerischer Kraft in einem unseren heutigen Anschauungen entsprechenden Gewande zu neuer Gestaltung bringt."[1]

Obwohl manche Stilmischung noch mit Argwohn betrachtet wurde, entstanden auch in Leipzig immer mehr exotisch beeinflusste Bauten: Nicht nur das Völkerschlachtdenkmal, auch das Stadtbad wies orientalische Elemente auf und erinnert in großen Teilen an einen prächtigen arabischen Hammam. Weniger spektakulär, aber dennoch originär präsentiert sich der alte israelitische Friedhof in der Berliner Straße, der Mitte des 19. Jh. angelegt wurde und spanisch-maurische Stilelemente wie Hufeisenbogen und feingliedrige orientalische Ornamentik sowie ägyptisierende Formen aufweist. Geht man mit offenen Augen durch Leipzigs Innenstadt, entdeckt man auch an manch alter Fassade Bögen und Gitternetzwerk, die ihre Vorbilder in der islamischen Kunst zu haben scheinen.

Auch einige Leipziger Kaffeehäuser atmen den Duft des Orients, und das zum Teil schon seit dem 18. Jh., wie der berühmte „Coffe Baum" mit seiner orientalisierenden Portalplastik oder das ehemalige Messehaus Riquet & Co. im Schuhmachergässchen, das heute ein Café beherbergt, nachdem dort ab 1745 mit Tee und anderen Waren aus dem Nahen und Fernen Osten gehandelt wurde, symbolisiert durch das chinesisch anmutende doppelstöckig geschweifte Dachtürmchen und die beiden indischen Elefantenköpfe an der Eingangstür.

Manch wertvolle Bauten, ornamentale Fassaden, filigrane Details sind nach 1913 in den beiden Weltkriegen zerstört worden. Das zu 90 Prozent aus Beton bestehende Völkerschlachtdenkmal hat – ein wenig rußgeschwärzt und seit 2013 frisch gesäubert – alles überstanden. Stellt sich abschließend nur noch die Frage, ob die Tugendskulpturen im Inneren des monumentalen Baues auch so alt werden wie die Memnonskolosse in Ägypten.

---

[1] Hartmann, Karl Otto: Stilkunde. G. J. Göschen'sche Verlagshandlung Leipzig 1898, S. 227f.

Shahin Rasul

Die helfenden Hände der Frauenvereine

Die Stadt Leipzig ist ein Zuhause für viele Frauen und ihre Familien, die von unterschiedlicher Herkunft sind, aus unterschiedlichen Verhältnissen stammen und unterschiedliche Kulturen leben. Man begegnet Menschen, die sich bei der Begrüßung in die Arme nehmen und dabei *Salam aleikum*, *Merhaba* oder nur *Salam* sagen, man trifft Frauen mit Kopftuch und Schleier. Man hört von Veranstaltungen und Anlässen, die besonders begangen werden, wie z.B. vom Nawroz, einem Frühlingsfest, das von mehr als 300 Millionen Menschen und seit mehr als 3000 Jahren auf der Balkanhalbinsel, in der Schwarzmeerregion, im Kaukasus, in Zentralasien und im Nahen Osten gefeiert wird. Für die Muslime sind die wichtigsten Feste Id al-Fitr, also das Fastenbrechen nach dem Ramadan, und das ein paar Wochen später folgende Opferfest, Id al-Adha, an dem man Abrahams gedenkt, der Gottes Probe bestanden hatte und seinen Sohn Ismael nicht opfern musste, sondern stattdessen erleichtert und dankbar ein Tieropfer brachte. Dass diese Feste auch von immer mehr Menschen in Leipzig begangen werden, zeigt, wie rasant sich diese Stadt in den letzten Jahren in interkultureller Hinsicht entwickelt hat. Ein Stadtteil, in dem viele der Bewohner aus arabischen und anderen orientalischen Ländern stammen, ist die Neustadt mit der belebten Eisenbahnstraße. Dort findet man Geschäfte mit arabischen, türkischen, iranischen und anderen Spezialitäten, die von den Frauen für ihre typisch orientalische Küche sehr gern verwendet werden. Eine vierzigjährige Frau aus dem Irak, die seit zehn Jahren in Deutschland lebt, meint dazu: „Ich mag die Eisenbahnstraße sehr, die Düfte von Speisen und Bäckereien, wenn ich morgens losgehe, arabisches Brot kaufen. Und wenn ich ständig auf der Straße Salam aleikum höre, bekomme ich ein gutes Gefühl, so dass die Sehnsucht nach meiner Heimat weniger wird." Lachend fährt sie fort: „Hier ist alles gemischt, und man fühlt sich nicht sehr unterdrückt."
Kochen und Essen werden als ein identitätsstiftender Faktor der

orientalischen Kultur betrachtet. Gäste sind immer willkommen, gern wird ihnen eine warme Mahlzeit serviert. In arabischen und anderen islamischen Ländern kochen meist die Frauen. Traditionell ist es ihre vornehmliche Aufgabe, sich um Haushalt und Kinder zu kümmern. Männer als Oberhaupt der Familie arbeiten meist außerhalb der eigenen vier Wände, um den Unterhalt der Familie zu gewährleisten, und nehmen dafür im Haushalt kaum feste Aufgaben wahr. Dabei besteht die Hausarbeit aus viel mehr als nur Kinder betreuen, aufräumen, putzen oder waschen. Die meisten Frauen kochen und backen täglich für mindestens acht bis zehn Personen, d. h. es muss jeden Tag frisches Brot und warmes Essen auf dem Tisch stehen. Im ländlichen Bereich nähen die Frauen häufig die Bekleidung für ihre Kinder und für sich selbst. Daneben helfen sie ihren Männern bei der Viehhaltung und versorgen sie ihre Familie mit Milchprodukten wie Käse, Joghurt, Butter. Mit dem Gemüseanbau in einem kleinen Garten oder auf einem Stück Land decken sie den Bedarf ihrer Küche. Durch diese weitestgehende Selbstversorgung sparen sie das Geld, das sie nicht verdienen können. Das betrifft am häufigsten Frauen, die aus unterschiedlichen Gründen, seien es Krieg, Traditionsbewusstsein oder sozioökonomische Probleme, die Schule nicht besuchen konnten. In Leipzig stammen sie mehrheitlich aus arabischen und anderen orientalischen Ländern, wie z. B. Afghanistan und Pakistan. Man kann sich unschwer vorstellen, welche Probleme und Konflikte Frauen erwarten, die niemals einen Stift in der Hand hatten und niemals etwas Theoretisches systematisch gelernt haben, wenn sie in einem Land wie Deutschland leben sollen.

Um in dieser anderen Gesellschaft einigermaßen angepasst leben zu können, um sich zu verständigen und auch die anderen zu verstehen, müssen diese Frauen eine gänzlich fremde Sprache erlernen. Damit fangen ihre Probleme an. Das Lernen fällt ihnen schwer, auch wenn viele mit Spaß und Leidenschaft den Sprachkurs besuchen, denn damit erfüllt sich der Traum, einmal in die Schule gehen zu dürfen. Da sie meistens mehrere Kinder haben, können sie sich den neuen Aufgaben nicht so aktiv widmen, wie es verlangt wird. Vielen fällt es zudem altersbedingt schwerer, eine andere Sprache zu erlernen.

Frauen, die Analphabetinnen sind, haben dabei die größten Schwierigkeiten und brauchen Zeit, um sich in der auf verschriftlichte Informationen ausgerichteten Gesellschaft zu orientieren. Sie können Aufschriften, Hinweisschilder, Fahrpläne usw. erst einmal nicht lesen. Obwohl sie dennoch mit ihren Lebenserfahrungen in vielen Bereichen tätig werden könnten, verlassen sie ungern ihr Haus, um in eine völlig andersartige Kultur einzutauchen, in der Männer und Frauen sich ungehemmt begegnen und gemeinsam wirken und arbeiten. In so einer hoch modernisierten Gesellschaft, wo gesetzliche Vorschriften entscheidend sind und nicht die Tradition, bekommen die zugezogenen Frauen oft einen sogenannten Kulturschock, der schwer zu bewältigen ist. Um sich anpassen zu können, muss man die neue Kultur wahrnehmen und vor allem begreifen.

Obwohl man heutzutage durch die Medien viel über andere Kulturen hört, ist das, was man als Kulturschock erlebt, meistens sehr erschütternd. Am Anfang ist alles fremd, man vergleicht ständig die beiden Kulturen. Bei jedem Schritt merkt man, dass vieles aus der eigenen Kultur hier nicht akzeptabel ist. Manchmal sind die Unterschiede so groß, dass man entmutigt ist und sich ständig fragt, ob man richtig gehandelt hat, ob die eigenen Worte nicht missverstanden wurden. Eine 36-jährige irakische Frau, die seit acht Jahren in Deutschland lebt, beschreibt ihre Gefühle so: „Wenn du einer neuen Kultur begegnest, kommt dir alles fremd und unbekannt vor, und du hast das Gefühl, dass du niemanden kennst und nichts kannst. Du musst von Null anfangen und vieles neu lernen. Dafür brauchst du Mut, Hoffnung und Unterstützung. Es ist sehr wichtig, wie tolerant und offen die neue Gesellschaft ist, um dich anzunehmen, um dich zu verstehen, um deine Gefühle, Schmerzen und Enttäuschungen zu begreifen, um dir am Ende irgendwie zu helfen."

Die muslimischen Frauen leben in zwei Kulturen, ihre Kultur können sie nicht verlassen und die neue Kultur dürfen sie nicht ablehnen. Etliche nehmen sich vor, einfach die fremden Dinge zu akzeptieren, insoweit sie davon nicht persönlich betroffen sind. Sie versuchen die beiden Kulturen zu vermischen, wofür sie dann von den verschiedenen Seiten trotzdem kritisiert werden. Eine irakische Frau, die seit mehr als zwanzig Jahren in Deutschland lebt, erzählt: „Ich habe vieles hier akzeptiert, aber bin immer noch nicht angenommen worden, wie es sein sollte. Und ich fühle mich fremd, wenn ich in den Irak gehe, denn da werde ich auch nicht mehr akzeptiert. Ich bin in beiden Kulturen eine Fremde. Das ist ein Schicksal, das ich selber nie gewählt hätte. Niemand verlässt sein Heimatland freiwillig. Nur unter bestimmten Bedingungen und in einer unerträglichen Situation muss man diese Entscheidung treffen."

Frauen wandern aus verschiedenen Gründen aus. Vor allem, wenn in ihrem Land Krieg herrscht mit all den damit verbundenen Ängsten und existenziellen Problemen. Manche haben sich politisch engagiert und werden verfolgt, manche kommen mit den gesellschaftlichen Normen nicht zurecht, empfinden sie als zu streng oder als zu einengend, manche fühlen sich ungerecht behandelt und nicht ausreichend gleichberechtigt.

Auf Grund schlimmer Kriegserlebnisse und anderer Traumata sind viele dieser Frauen psychisch geschwächt. Auch wenn sie hier in relativer Sicherheit leben, sind sie in Gedanken in ihrem Heimatland, wo Angehörige, Freunde oder Bekannte wohnen und möglicherweise auch so leiden wie sie einstmals.

Eine andere Frau aus dem Irak erzählt: „Ich habe acht Jahren hier gelebt und bei jedem Atemzug den Wunsch verspürt, in meine Heimat zu dürfen, um meine Mutter noch einmal zu sehen. Am Telefon nach der Begrüßung war ihre zweite Frage immer: Wann kommst du? Ich vermisse dich, ich möchte dich sehen. Ich hatte keine Antwort, acht Jahre lang. Ich wusste nicht mehr, wie ich ihr und mir noch Hoffnung geben könnte. So ist unser Leben. Wir leben mit zwei Seelen, die eine hier konfus, die andere mit Heimweh umherirrend. Wir leben mit der Angst, dass wir die Gelegenheit nicht mehr haben, noch einmal unsere Familie und diejenigen, die wir lieben, sehen zu können."

Frau Tschauschli ist eine der Frauen, die gezwungen sind, im Exil zu leben. Und dies wegen ihrer Tätigkeit als Frauenvertreterin im ehemaligen Legislativrat Kurdistans. Sie hatte ihr Heimatland und ihre Familie verlassen, ohne zu wissen, dass sie ihre Mutter nicht mehr wiedersehen würde. Die Erinnerungen an ihre Mutter, an ihre Heimat und ihren Schmerz fasst sie in lyrische Worte. Gedichte als Trostspender.

Samia Al-Tschauschli hat in Leipzig studiert und ist promovierte Soziologin. 1986 verteidigte sie an der Karl-Marx-Universität Leipzig ihre Doktorarbeit über „Die gesellschaftliche Stellung der kurdischen Frauen in der Republik Irak in den sechziger und siebziger Jahren". Als Wissenschaftlerin befasste sie sich mit soziologischen Aspekten der Situation der Frauen in der arabischen Welt. „Die Kompetenz von Frau Dr. Al-Tschauschli in Sachen Frauenbewegungen der Entwicklungsländer steht außer Zweifel. Als Frau und emigrierte irakische Kurdin verfügt sie unter jedem dieser Aspekte über genügend eigene Erfahrungen zum Thema Benachteiligung sowohl in ihrer alten als auch in ihrer neuen Heimat", so schreibt PD Dr. Wolfram Herold über sie.
Ehrenamtlich war sie tätig in der Vereinigung „Merhaban". Das Ziel war, Frauen mit Migrationshintergrund die Möglichkeit zu geben, ihre kulturellen Interessen in Deutschland zu verwirklichen und den Deutschen nahezubringen. Auch im täglichen Leben beschäftigt sich Frau Tschauschli in vielfältiger Weise mit den Problemen der eingewanderten Frauen.
Das Migrantenleben in Leipzig empfand sie vor dreißig Jahren im Vergleich zu heute als sehr schwer. Ihrer Meinung nach hat sich Leipzig stark verändert. Als sie noch Studentin war, habe man sich kaum für den Orient interessiert. Die Möglichkeiten waren damals ohnehin beschränkt. Nicht nur Leipzig, sondern auch die arabischen Länder hätten mittlerweile positive kulturelle Veränderungen erlebt. „Ich vergesse nicht, dass ich immer kritisiert worden bin, weil ich als eine muslimische Frau in einem fremden Land allein und ohne meine Familie studiert habe", erinnert sie sich. „Heute aber ist das nichts Besonderes mehr. Es kommen so viele Musliminnen ganz allein hierher, um zu studieren."
Frau Tschauschli forscht, schreibt und kämpft weiter für das Frauenrecht, und die zahlreichen Konflikte können sie nicht abhalten.
Organisationen, Vereine und viele andere Institutionen, die sich eifrig für die Begegnung mit anderen Kulturen engagieren, sind positive Entwicklungen in der Stadt Leipzig. Besonders hilfreich für die Migrantinnen sind Organisationen, die von Frauen

gegründet wurden mit dem Ziel, die Zugewanderten aus anderen Kulturen in vielen Bereichen ihres Lebens zu beraten und zu begleiten.

Internationale Frauen Leipzig e. V. ist einer von diesen Vereinen, der 2008 innerhalb von zwei Jahren nach dem ersten „Interkulturellen Frauenfrühstück" gegründet wurde. Der Vorstand besteht aus zwei gleichberechtigten Vorsitzenden, einer Deutschen und einer Griechin, sowie fünf weiteren Frauen aus dem Iran, dem Irak, Usbekistan und Deutschland. Der *Internationale Frauen Leipzig e. V.* hat das Ziel, Begegnungen und Dialoge zwischen Vertretern unterschiedlicher Kulturen zu organisieren und daraus erwachsende Kooperationsbeziehungen zu fördern. Seine Devise ist: *Wir stehen für ein Miteinander der Unterschiede.* Menschen mit Migrationshintergrund, insbesondere Frauen, erhalten allgemeine Beratung und Begleitung in alltäglichen Lebensbereichen. Die Ansprechpartner können neben den europäischen Sprachen auch Arabisch, Türkisch, Kurdisch oder Persisch. Die freundlichen Mitarbeiterinnen helfen beim Ausfüllen von Formularen und Anträgen oder übersetzen und beantworten behördliche Schreiben. Darunter sind Frauen, die aus den jeweiligen Ländern stammen und nicht nur die Heimatsprache beherrschen, sondern sich auch in die Probleme, Bedürfnisse und Empfindungen der Frauen hineinversetzen können. Sie spielen als Brücke zwischen zwei Kulturen eine wichtige Rolle.

Die Vorsitzende des *Internationalen Frauen Leipzig e. V.*, Frau Dr. Anke Kästner, ist eigentlich Biologin. Wegen ihres Interesses an interkulturellen Themen engagiert sie sich seit Jahren im Bereich Kultur und Integration. Schließlich ergriff sie die Initiative und gründete den Verein, der nicht nur Unterstützung bei Behördengängen und anderen unerlässlichen Pflichten des deutschen Alltags gewährt. Er soll auch das kulturelle Leben fördern. Frau Kästner beschreibt dies so: „Der Verein versucht die Veranstaltungen und Projekte so zu organisieren, dass die Frauen aktiv teilnehmen können und motiviert werden, mit ihren interessanten und neuen Ideen die Kulturen einander näherzubringen. Hier wird darauf geachtet, was die Anliegen der Frauen sind, wofür sie sich interessieren, damit sie am ge-

sellschaftlichen Leben besser teilnehmen können. Zurzeit möchten wir Schwimmen nur für Frauen organisieren. Viele Frauen möchten es sehr gern lernen, aber hatten oder haben die Gelegenheit nicht, oder sie dürfen nicht in gemischtgeschlechtliche Schwimmbäder gehen. Wir arbeiten und kämpfen hart, damit wir ihnen diese Gelegenheit bieten können."
Seit seiner Gründung hat der *Internationale Frauen Leipzig e. V.* zahlreiche Projekte und Veranstaltungen durchgeführt. Eine ist das *Interkulturelle Frauenfrühstück*. Es findet an jedem letzten Mittwoch im Monat statt. Ein wichtiges Ziel dieser Veranstaltung ist es, Frauen zu erreichen, die bisher fast gar keine Kontakte zu ihrer neuen Umgebung haben. Sie sollen Gelegenheit bekommen, ganz offen und ungezwungen über spezielle Themen zu reden. Im Monat *Ramadan* findet kein Frauenfrühstück statt, sondern ein gemeinsames Abendessen nach Sonnenuntergang, damit auch die Musliminnen an diesen Mittwochen teilnehmen können.
Interkultureller Frauentanz gehört zu den Freizeitangeboten des *Internationalen Frauen Leipzig e. V.* und findet viermal im Jahr statt. Über diese Veranstaltungen mit mittlerweile 100 bis 150 Teilnehmerinnen werden auch Frauen erreicht, die bislang noch nicht bei anderen Veranstaltungen dabei gewesen sind. Es wird garantiert, dass nicht fotografiert werden darf und keine Männer anwesend sind und, damit auch Frauen kommen, die zu gemischtgeschlechtlichen Veranstaltungen nicht gehen wollen oder dürfen. *Interkultureller Frauentanz* schafft eine wunderschöne Atmosphäre, eine Zeit zum Feiern, Tanzen und buntem Treiben. Er soll Probleme und Sorgen vergessen lassen. Die Musik ist vielfältig, natürlich auch orientalisch, was die Frauen aus Nordafrika und dem Nahen Osten immer wieder glücklich stimmt. Die Frauen fassen sich an den Händen und tanzen in einem großen Kreis miteinander. Dabei sollen sie hautnah das Gefühl erleben, trotz unterschiedlicher Kultur, Sprache und Religion viele menschliche Gemeinsamkeiten zu haben, was es ihnen ermöglicht, in Frieden zusammenzuleben.
Ein anderes wichtiges Projekt ist die Unterstützung zur Integration für am Arbeitsmarkt benachteiligte Frauen. Dadurch sollen diese Frauen in Arbeits- und Beschäftigungsprojekte eingebunden und ihr Selbsthilfepotential gestärkt werden. Dieses Modell-

projekt zur Verbesserung der Integrationsangebote entstand in erfolgreicher Kooperation zwischen dem *Internationalen Frauen Leipzig e. V.* und der Deutschen Akademie.

Die Eröffnung des *Interkulturellen Konversationscafés* in der Emilienstraße 17 im Januar 2012 ist ebenfalls dem *Internationalen Frauen Leipzig e. V.* zu verdanken. Es wurde geschaffen als Treffpunkt für den Meinungsaustausch zwischen Menschen unterschiedlicher Herkunft. Eben ein Ort, an dem die Menschen sich aufgenommen fühlen sollen und in einer vertrauensvollen Atmosphäre Kontakte knüpfen können.

Frau Dr. Kästner plädiert dafür, Menschen aus anderen Kulturen Tätigkeiten in unterschiedlichen Berufsrichtungen zu ermöglichen, um die Integration zu verbessern. Ausländer könnten beispielsweise auch als Ärzte, Erzieher und Verkäufer arbeiten. Eine Frau könne mit einer Ärztin, die ihre Sprache verstehe, besser über ihre Probleme reden. Damit auch Frauen, die eine Ausbildung haben, aber nicht in Deutschland arbeiten dürfen, dennoch ins Berufsleben integriert werden, sucht der Verein nach Möglichkeiten der Weiterbildung oder der Projektmitarbeit, damit die Frauen nicht isoliert zu Hause bleiben, sondern gesellschaftliche Bestätigung erfahren. Nasnas Sediq Rashid ist eine von jenen, die auf diese Art und Weise wichtige Erfolgserlebnisse hat. Frau Sediq hat in ihrem Heimatland Irak Jura studiert. Seit acht Jahren lebt sie in Deutschland und ist eine aktive Mitarbeiterin des Vereins. Freudig und engagiert steht sie den Frauen ihres Heimatlands sowie allen anderen, die sich hilfesuchend an den Verein wenden, zur Seite.

Die Verleihung des Sächsischen Integrationspreises (1. Platz) an den Verein im Oktober 2009 im Sächsischen Landtag zeigt, wie erfolgreich sich die Arbeit von Anfang an gestaltet hat.

Frauen, die an Kunst und Kultur interessiert sind, werden auch durch einen weiteren Verein, nämlich den *FraKu (Frauen Kultur e. V.)* unterstützt. Er fördert künstlerisch engagierte Frauen und Mädchen aus unterschiedlichsten Arbeitsgruppen, Kulturen und verschiedenen Sprachräumen. Der Verein bietet zahlreiche interessante Veranstaltungen an. Kurse wie z. B. Kreatives Gestalten und andere wöchentliche Angebote vom Frauenchor bis zum Bauchtanz, Ausstellungen, Lesungen, Vorträgen, Doku-

mentationen, Filmabenden und vielem mehr, die meist von Frauen für Frauen und über Frauen präsentiert werden.
FraKu ist seit seiner Gründung Ort der sozialen Kommunikation und Integration und bemüht sich weibliche Kunst und Kultur zu fördern. Im Vorstand arbeitet unter anderen die aus Ägypten stammende Künstlerin Mona Ragy Enayat. Von 1988 bis 1994 hat sie an der Hochschule für Grafik und Buchkunst Leipzig studiert. Sie malt und zeichnet, schafft grafische Blätter und Plakate. Sie schreibt Gedichte und Geschichten, die sie selbst illustriert, sie komponiert Lieder, die sie ebenso wie klassische arabische Gesänge zur Laute vorträgt.
Im Mittelpunkt ihres künstlerischen Schaffens stehen ihre ganz persönlichen Lebenserfahrungen und Erlebnisse als eine Frau, die über ihr Frausein nachdenkt, über Möglichkeiten und Gefahren, Wünsche und Hoffnungen, aber auch Ängste und Sorgen, über ihre Freiheiten und Fähigkeiten. Frau Enayat ist seit mehreren Jahren in der internationalen Frauenbewegung engagiert. In ihren Werken ist die Annäherung zweier großer Kulturen deutlich zu sehen.
Um Annäherung geht es auch einem anderen Verein, der speziell die orientalische Kultur erschließen will und in dem Frau Enayat ebenfalls mitarbeitet. „Hinter dem Schleier" ist der Titel eines

vierwöchigen Projekts, das auf Initiative des *Zentrums für Europäische und Orientalische Kultur e. V.* in Leipzig stattfand. Ziel war die Darstellung von Gemeinsamkeiten und Unterschieden des persischen und deutschen Sprach- und Kulturraums. „Hinter dem Schleier" sollte eine Mehrdimensionalität von Lebensrealitäten und Sichtweisen widerspiegeln, also etwas, worüber Medien wenig und überdies oft belastet von Vorurteilen berichten. Das Leipziger Projekt war eine Gelegenheit, die Betroffenen selbst durch eine Filmreihe, Vorträge, Ausstellungen sowie in musikalischen Beiträgen zu Wort kommen zu lassen. Neben Präsentationen gab es auch Gespräche mit persischen Frauen über ihre Meinungen, Erfahrungen und Gefühle sowie über Unterschiede zwischen beiden Kulturen.

Das *Zentrum für Europäische und Orientalische Kultur e. V.* wurde 2004 gegründet. Der Verein ist eine Initiative für Dialog und wechselseitiges Verständnis zwischen beiden Kulturen. Es bietet zahlreiche interkulturelle Veranstaltungen und Projekte, die Identität fördern sollen.

Die Mitglieder dieses Vereins sind über die ganze Bundesrepublik verstreut. Unter ihnen sind in Leipzig neben Mona Enayat auch die Kunsthistorikerin Nilab Rudabe Badakhshie als Vorsitzende des Vereins und die Ethnologin Judith Jonas-Kamil als Stellvertretende Vorsitzende und Schriftführerin.

Nilab Rudaba Badakhshi, die 1974 in Kabul geboren wurde, immigrierte 1985 in die DDR. Noch während ihrer Abiturzeit begann sie sich aktiv mit interkulturellen Themen zu beschäftigen und beteiligte sich an einem Projekt namens „Weltladen". Als Studentin gründete sie mit zwei anderen afghanischen Kommilitoninnen von der Universität Leipzig und deutschen und türkischen Studenten den *Oxuss e. V.*, der sich zum Ziel gesetzt hatte, den Dialog mit dem afghanischen Volk und mit den mittelasiatischen Völkern zu fördern, wobei die Stellung der Frau und die damit verbundenen Probleme eine besondere Rolle spielten. Heute ist Frau Badakhshi in Leipzig im Referat für Migration und Integration tätig. Sie engagiert sich sowohl im Alltag als auch als Mitglied des 2009 gegründeten Migrantenbeirats in vielfältiger Weise besonders für die Frauen unter den Einwanderern.

Neben allen diesen Institutionen und Vereinen versuchen in Leipzig auch die Moscheen, den Frauen bei der Lösung ihrer Probleme zu helfen. Hier werden die muslimischen Frauen, besonders die Analphabetinnen unter ihnen, genau über ihre Rechte und Pflichten informiert, damit sie sich nicht aus Unkenntnis heraus etwa im Namen der Religion unterdrücken lassen. Außerdem besteht die Gefahr, dass sie sich aus falscher Scheu in der ungewohnten Umwelt nicht zurechtfinden. Dem soll vorgebeugt werden durch Beratungsstunden, in denen die Frage beantwortet wird, inwieweit sich muslimische Frauen in eine andere Gesellschaft integrieren können. Als wichtigstes Ziel wird hier der Dialog zwischen den Religionen genannt. Demnach sollen die Angehörigen unterschiedlicher Religionen in Frieden nebeneinander leben können.

Derzeit wohnen in Leipzig viele Migranten, manche noch passiv und verunsichert, andere engagiert in der Öffentlichkeit oder in ihrer speziellen Nische. Die Frauen spielen unter ihnen eine immer aktivere Rolle, sei es im Berufsleben oder in Eigeninitiativen, die von ehrenamtlichen Beratungen bis hin zu Cateringdiensten reichen. So hat eine Gruppe von Frauen aus dem Libanon, der Türkei, dem Iran, Afghanistan und dem Irak mit Unterstützung des *Brückenschlag e. V.* angefangen, orientalisches Essen anzubieten. Damit beweisen die Frauen, dass sie gern gemäß ihren Fähigkeiten am öffentlichen Leben teilnehmen und sich integrieren lassen. Erleichtert wird dies in Leipzig durch Institutionen, Vereine, Organisationen und Privatpersonen, die hart daran arbeiten, Leipzig zu einer Stadt werden zu lassen, in der sich Angehörige vielfältiger Kulturen wohlfühlen.

Konflikte und Kriege können Menschen die Heimat rauben, doch bei aller Verzweiflung ist noch immer Hoffnung auf eine zweite Heimat, in der unterschiedliche Kulturen nicht fremd nebeneinander leben, sondern frei von Argwohn und Vorurteilen gemeinsame Erfahrungen machen und Gelegenheit haben, das Eigene mit anderen zu teilen, so dass jeder eine Bereicherung erfährt. Das Menschliche ist allen gemeinsam. Die Emotionen sind im Grunde auch die gleichen. Eine Mutter ist eine Mutter und empfindet stets Liebe zu ihrem Kind, egal, ob sie mit ihm Deutsch, Arabisch, Persisch oder Urdu spricht.

Kristina Stock

Die akademische Welt der Archäologen, Ethnografen und Philologen

Kommt man nach Leipzig, sei es mit dem Auto, der Bahn oder mit dem Flugzeug, kann man schon aus der Ferne ein Hochhaus entdecken, das an ein aufgeschlagenes Buch erinnern soll. Als dieses damals höchste Gebäude Deutschlands von 1968 bis 1972 erbaut wurde, sollte es eigentlich die vielen Verlage der Stadt beherbergen. Ein Buch kann aber auch die Wissenschaft symbolisieren, und so zog schließlich die Universität in das repräsentative Gebäude und blieb dort, bis nach der Wende die einzelnen Institute über die Stadt verteilt wurden. Zum Bedauern vieler Universitätsmitarbeiter, denn der unkomplizierte institutsübergreifende Dialog, der manchmal sogar im Fahrstuhl geführt wurde, war nunmehr erschwert. Für manchen Leipziger ist das Gebäude aber nach wie vor der „Uni-Riese", auch wenn mittlerweile das MDR-Logo angebracht wurde und verschiedene Firmen in das an eine US-Investmentbank verkaufte Hochhaus eingezogen sind.

In der 22. Etage war der Orient zu Hause. Nicht dass die Büros voller Perserteppiche lagen oder es nach arabischem Kaffee duftete, doch aus den Regalen schauten den Betrachter etliche mit arabischen Lettern verzierte Buchrücken an und über die Gänge liefen Frauen, die ungewöhnlichen Schmuck trugen. Auch fremde Sprachen konnte man hören, zumeist arabische Laute, wenn sich die deutschen Wissenschaftler mit ihren Kollegen aus dem Irak, aus Syrien, Algerien, Ägypten oder dem Jemen unterhielten. Mehr noch erklang akzentgefärbtes Deutsch, da nicht jeder Mitarbeiter mit den ausländischen Kollegen in deren Muttersprache reden konnte. Auch fehlten manchmal die einen oder anderen für längere Zeit, weil sie gerade im Ausland forschten oder wichtige Dolmetscheinsätze hatten.

Wenn man heute einen Hauch von Orient in der Universität Leipzig schnuppern möchte, kann man in die Schillerstraße 6 gehen. Das Schild neben dem Eingang weist darauf hin, dass hier die Fakultät für Geschichte, Kunst und Orientwissenschaften zu Hause ist. Zumindest befinden sich hier die Büros von Arabisten und Ethnologen, die versuchen, die regionalwissenschaftliche Tradition der Universität Leipzig fortzuführen. Von den Gängen führen dunkle Holztüren auch in größere und kleinere Unterrichtsräume, die aber nicht ausreichen für die zahlreichen Vorlesungen und Seminare, so dass auch im nahen Universitätscampus am ehemaligen Unihochhaus, in der Beethovenstraße und in der Goethestraße junge Leute anzutreffen sind, die nicht nur Englisch oder Französisch, sondern auch Arabisch, Türkisch, Persisch, Hausa, Kiswahili, Tibetisch, Mongolisch, Hindi, Japanisch oder Indonesisch beherrschen.

Gebäude der Fakultät für Geschichte, Kunst und Orientwissenschaften in der Schillerstraße

Ägyptologie

Bis vor einigen Jahren drückten nicht nur Mitarbeiter und Studenten am Türknauf des schweren Eichentores in der Schillerstraße, sondern auch Touristen, die im Erdgeschoss des attraktiven Gebäudes Mumien und Kunstschätze aus dem Alten Ägypten bewundern wollten.

Mittlerweile ist das Leipziger Ägyptische Museum schon zweimal umgezogen. Derzeit präsentiert es sich sehr wirkungsvoll in den edelholzgetäfelten Räumen des Kroch-Hochhauses in der Goethestraße zwischen Bahnhof und Augustusplatz. Das erste

Blick ins Ägyptische Museum im Kroch-Hochhaus

wertvolle Stück der Sammlung war bereits 1842 nach Leipzig gelangt, und zwar in Gestalt eines mumienförmigen Sarges, den der Archäologie-Professor Gustav Seyffarth (1796-1885) in Zusammenarbeit mit dem sächsischen Kultusministerium für 289 Taler in Triest erworben hatte.

Zweiunddreißig Jahre später erhielten die Leipziger Forscher ein eigenes Institut, den „Aegyptologischen Apparat", in einem Flügel des heute nicht mehr vorhandenen Universitätshauptgebäudes. Ägyptologen wie Georg Ebers (1837-1898) und Georg Steindorff (1861-1951) verhalfen der Universität Leipzig zu internationaler Anerkennung. Erfolgreiche Grabungsarbeiten erbrachten zahlreiche Ausstellungsstücke, die allerdings nicht alle die Wirren des Zweiten Weltkrieges überstanden. Später wurden weitere Exponate eingekauft, und bis heute wird akribisch an der Dokumentation und Restauration gearbeitet. Man kann unter anderem Grabbeigaben aus dem Mittleren Reich besichtigen, zu denen Hausmodelle, Keramikgefäße, Zepter und Modellboote für die Überfahrt ins Jenseits gehören. Wer einmal in Leipzig eine Pyramide aus der 5. Dynastie (2496-2483 v. Chr.) von außen wie von innen besichtigen möchte, kann dies auch im Ägyptischen Museum tun. Sie passt da übrigens hinein, denn sie

ist im Maßstab 1:75 nachgebaut.
Wissenschaftler und Studenten aus Leipzig führen nach wie vor Ausgrabungsarbeiten in Ägypten und im benachbarten Sudan durch. Eine der jüngeren Kampagnen wurde 2012 im Kairoer Stadtteil Heliopolis gestartet, wo man im Bereich des Sonnentempels in Schichten eindrang, die bis ins 4. Jahrtausend v. Chr. zurückreichen. Das Leipziger Team arbeitete bei den Bohrungen und Sondagen eng mit dem Ägyptischen Antikendienst sowie belgischen und polnischen Geophysikern zusammen. Bei den Grabungsarbeiten stieß man unter anderem auf Reste einer dekorierten Opfertafel aus der Zeit um 1300 v. Chr.
Dank des unermüdlichen Engagements von Wissenschaftlern und Studenten ist das Ägyptische Museum nach wie vor Anziehungspunkt für interessierte Leipziger, für zahlreiche Schulklassen, aber auch für die Gäste der Stadt, die hier abgeschirmt von Autolärm, gestressten Fußgängern und geschäftigem Kaufhausbetrieb eine Oase orientalischer Beschaulichkeit und mehrtausendjähriger Ruhe vorfinden.

Altorientalistik

Während die Ägyptologie traditionell auch an anderen Universitäten eine bedeutende Rolle spielte, wurde ein Fach, das die Geschichte des Nahen Ostens erforscht, zuerst in Leipzig als eigenständige Disziplin gelehrt: die Altorientalistik. In Fachkreisen wurde Friedrich Delitzsch (1850-1922) berühmt. Dessen wissenschaftliche Karriere begann genau hier, wo er sich 1874 für semitische Sprachen und Assyriologie habilitierte und später auch eine Professur erhielt. Die 5000 Jahre alte Schrift der vorderasiatischen Völker, die Keilschrift, war zu jener Zeit bereits entziffert. Ein Wörterbuch zu der in Keilschrift überlieferten assyrischen Sprache gab es allerdings nicht. Das verfasste erst Friedrich Delitzsch, der neben dem Assyrischen auch Sanskrit, Arabisch, Hebräisch und Äthiopisch studiert hatte. Immerhin blieb sein „Assyrisches Handwörterbuch" 85 Jahre lang einzigartig. Seine Studenten saßen gern in den Vorlesungen, wo sie assyrische, sumerische und akkadische Keilinschriften entzifferten, aber auch Geschichten über die Sintflut hörten oder babylonische Psalmen erklärt bekamen.

Die Nachfolger des bekannten Keilschriftforschers erhoben die Leipziger Altorientalistik zu einer führenden Forschungsstätte. Während in DDR-Zeiten hier kaum Studenten ausgebildet wurden, gelang es dennoch einem Wissenschaftler, Manfred Müller, von den 60er Jahren bis zu seinem Lebensende im Jahre 2000 dieses Orchideenfach in Leipzig kontinuierlich weiterzubetreiben. Seine zahlreichen Veröffentlichungen sorgten dafür, dass dieses Institut seinen internationalen Ruf bewahren konnte. Heute zieht die Leipziger Altorientalistik Wissenschaftler und Studenten aus den unterschiedlichsten Teilen der Welt an. Außer mit linguistischen Fragen beschäftigt man sich mit literarischen Texten, dem materiellen Alltag, der Götterwelt und mit vielen anderen Lebensaspekten der einstigen Bewohner des Vorderen Orients. Gemeinsam mit einem niederländischen Grabungsteam und mit maßgeblicher Unterstützung durch die Salah-ad-Din-Universität im irakischen Arbil ist man seit 2010 im Nordirak einem vor wohl 3000 Jahren versunkenen Palast auf der Spur. Die Ergebnisse dieser Ausgrabungen werden zu gegebener Zeit sicher auch Eingang in die bemerkenswerte Bibliothek der Leipziger Altorientalistik finden, die vor allem durch umfangreiche Schenkungen namhafter Wissenschaftler seit den 1990er Jahren eine große Erweiterung erfuhr.

Arabistik

Älter als die Leipziger Altorientalistik und Ägyptologie ist die Arabistik, die sich in Leipzig unter Johann Jacob Reiske (1716-1774) etablierte. Dieser junge Mann kam mit siebzehn Jahren nach Leipzig, getrieben von einer „unsäglichen und unaufhaltbaren Begierde, Arabisch zu lernen". Seit 1728 gab es eine entsprechende Professur an der Universität der aufstrebenden, weltoffenen Messestadt. Bald gelang es Reiske, die arabischen Manuskripte zu lesen, die reiche Bürger seit dem 17. Jh. der Ratsbibliothek gestiftet hatten. Nach wertvollen Studien im holländischen Leiden kehrte er 1746 an die Leipziger Universität zurück, wo er allerdings nie einen Lehrstuhl bekam, der ihm seinen Lebensunterhalt gesichert hätte. Eifrige Studenten hatte er dennoch, so dass die zunächst nicht gebührend beachteten

Anfänge der Leipziger Arabistik eine würdige Fortsetzung erfuhren und man fast hundert Jahre später, im September 1843, in Leipzig, genauer gesagt in der Wohnung des berühmten Arabisten Heinrich Leberecht Fleischer (1801–1888) in der Nikolaistraße, eine für die akademische Welt bedeutungsvolle Idee entwickelte. Man einigte sich auf die Schaffung einer Vereinigung von Orientalisten nach dem Vorbild der Pariser „Société asiatique". Am 2. Oktober 1845 wurde dann in Darmstadt der Beschluss in die Tat umgesetzt und die Deutsche Morgenländische Gesellschaft mit Sitz in Leipzig gegründet. Zu den Mitgliedern zählten Wissenschaftler und auch Studenten, die sich mit den Sprachen und Kulturen des Orients, Asiens, Ozeaniens und Afrikas befassten. Die Gesellschaft besteht bis heute; der Tätigkeitsbereich ihrer Mitglieder wurde modernen Erfordernissen entsprechend erweitert.

Auf Fleischers Betreiben kaufte die Universität ab 1853 eine insgesamt 487 Bände umfassende Sammlung alter Handschriften, die eine syrische Familie aus Damaskus namens Rifa'i gesammelt hatte. Diese wertvollen Texte zu Geistes- und Naturwissenschaften werden derzeit am Leipziger Orientalischen Institut ausgewertet und durch eine moderne Digitalisierung allgemein zugänglich gemacht mit dem Ziel, derartige Schätze der Weltkultur auch für die Nachwelt zu erhalten.

Außer Heinrich Leberecht Fleischer hat die Leipziger Arabistik noch weitere bekannte Namen aufzuweisen: Albert Socin (1844-1899), Hans Stumme (1864-1936) und August Fischer (1865-1949), um nur einige zu nennen. Alle beherrschten nicht nur Arabisch, sondern auch in unterschiedlichem Maße andere Sprachen Afrikas und des Nahen Ostens, wie beispielsweise Türkisch, Persisch, Aramäisch, Kurdisch und verschiedene Berberdialekte. Man beschäftigte sich nicht nur mit Grammatik und Wortschatz, auch Abstecher in die reiche Literatur des Orients wurden unternommen, um die Sprache besser zu begreifen und genauso die kulturelle Umgebung zu erforschen. Hans Stummes Übertragungen der tunesischen Anekdoten um den Schelm Dschuha werden bis heute gern gelesen.

Die Studien waren also eher philologisch orientiert, was auch in der arabischen Welt auf Wertschätzung traf. Dort würdigt man durchaus Bestrebungen, die darauf abzielen, die bei Muslimen geradezu mit einer heiligen Aura versehene arabische Sprache zu erforschen und zu vermitteln. Islamwissenschaftliche Untersuchungen von Nichtmuslimen hingegen werden genauso wie regionalspezifische Forschungen mit einiger Skepsis betrachtet. Die sogenannte Orientalistik ist eine Erfindung, die nicht aus dem Orient kommt, sondern diesen Teil der Welt von außen zu beschreiben versucht. Allein solche ethnozentrischen Sichtweisen führen genauso wie wissenschaftliche Fehlinterpretationen dazu, dass der „Gegenstand der Untersuchung" derartige Annäherungsversuche als anmaßend empfindet und sich dagegen verwehrt. Mit einer Ausnahme – wie gesagt: Sprache und die an Sprache eng gebundene Poesie sind mit linguistischen und philologischen Untersuchungsmethoden relativ objektiv darstellbar und werden traditionell von arabischen Wissenschaftlern genauso erforscht und gelehrt.

Die sprachwissenschaftliche Ausrichtung der Leipziger Orientalistik wurde in DDR-Zeiten erfolgreich weitergeführt. Die modernen Lehr- und Wörterbuchprojekte unter maßgeblicher Leitung von Wolfgang Reuschel (1924-1991) und Günther Krahl (1931-1992) sind auch in der arabischen Welt wohlwollend wahrgenommen worden.

1966 war an der Leipziger Karl-Marx-Universität eine Neustrukturierung erfolgt. Das Institut hieß nun Sektion Afrika- und Nahostwissenschaften mit zeitgemäßen Professuren, die außer der traditionell betriebenen Sprach-, Geschichts- und Kulturforschung auch unter anderem Recht, Wirtschaft, Bildungswesen, Zeitgeschichte sowie moderne Literatur erfassten. Bestandsgefährdet war die Sektion zu jener Zeit nicht, zumal der langjährige Rektor der Universität, Lothar Rathmann, sich um ihr erweitertes Profil sehr verdient gemacht hatte. Immerhin waren hier fast 50 Mitarbeiter beschäftigt. Nach der Wende 1990 ist diese Zahl rasch um ein Beträchtliches geschrumpft. Die Studentenzahlen allerdings nicht.

Um dem erhöhten Lehrbedarf mit immer weniger Personal gerecht zu werden, setzt man auch in Leipzig auf Kosten menschlicher Kontakte die immer mehr den Alltag bestimmende Technik ein. Ein didaktisches Projekt besonderer Art ist einem ehemaligen Schüler der Lehrbuchautoren Reuschel und Krahl gelungen. Eckehard Schulz hat es mit Hilfe kompetenter Mitarbeiter fertiggebracht, dass man Arabisch nun weltweit übers Internet mit Hilfe einer audiovisuellen e-edition lernen kann. Weltweit, weil die Erklärungen und Übungen nicht nur auf Deutsch erhältlich sind, sondern auch auf Englisch, Persisch und Urdu sowie bald auf Indonesisch.

Bemerkenswert ist auch, dass Araber nach Deutschland kommen, um hier ihr Arabisch, ihre Kenntnisse der eigenen Kultur und Geschichte, ihre Einblicke in wirtschaftliche und juristische Zusammenhänge zu erweitern. Besondere Anziehungskraft auf Studenten arabischer Herkunft hat der Studiengang Konferenzdolmetschen für Arabisch und Deutsch, den es innerhalb Deutschlands nur in Leipzig gibt. Marokkaner, Ägypter, Syrer, Iraker und Jordanier sitzen neben Studenten aus Sachsen, Bayern und aus anderen Bundesländern.

Und nicht nur die Studenten stammen aus unterschiedlichen Teilen der Welt. Auch Gastwissenschaftler weilen regelmäßig zu Vorträgen, Informationsbesuchen oder Forschungsaufenthalten in Leipzig und tragen zu einer weltoffenen Atmosphäre bei. Am Orientalischen Institut geht es nicht nur um Sprache und Kultur, sondern auch um aktuelle Entwicklungen im Rahmen der Globalisierung. Die Forschungen reichen vom „Islamic Banking" bis hin zu Livelihood-Analysen zur Beurteilung der Konsequen-

Studenten in der Dolmetschertrainingsanlage

zen von Regionalisierungsprozessen für nomadische Existenzsicherungssysteme. Etliche dieser Themen sind fachübergreifend und dadurch auch an Wissenschaftler anderer Disziplinen geknüpft, beispielsweise Ethnologen, die es in Leipzig ebenfalls gibt, sogar unter derselben Adresse in der Schillerstraße 6.

Ethnologie

Das Institut für Ethnologie ist in Leipzig die jüngste universitäre Einrichtung, die ihr wissenschaftliches Interesse auf den Orient richtet. Sie geht zurück auf das 1914 gegründete „Sächsische Forschungsinstitut für Völkerkunde", das erste seiner Art in Deutschland. Es war zunächst im alten Grassimuseum untergebracht, dem ältesten erhaltenen Museumsbau Leipzigs, in dem sich heute die Stadtbibliothek am Wilhelm-Leuschner-Platz befindet.

Im Gründungsjahr des Instituts brach der Erste Weltkrieg aus, in dessen Folge Deutschland seine Kolonien einbüßte. Das führte allerdings keineswegs dazu, dass die Völkerkunde nunmehr unpolitisch und rein wissenschaftlich betrieben wurde. Im Gegenteil: Die Studien dienten sogar rassistischen Zielen.

Das änderte sich endgültig 1949, als der aus dem Exil zurückgekehrte Ethnologe und Soziologe Julius Lips (1895-1950) und nach seinem Tod seine Frau Eva Lips (1906-1988) die Leitung übernahmen und nun auch die Rechtssoziologie und Wirtschaftsethnologie hinzukamen. Julius Lips hatte einen Ruf nach Köln abgelehnt, weil er nur in Leipzig die Möglichkeit sah, die nationalsozialistisch belastete Völkerkunde von Grund auf zu reformieren. Seine Frau setzte engagiert diesen Kurs fort. Der relativ unabhängig agierenden Indianer-Forscherin hat ein anderer in der Fachwelt geschätzter Ethnologe viel zu verdanken: Dietrich Treide (1933-2008), der sich ebenfalls mit Indianerstämmen befasste und ethnographische Wirtschafts- und Sozialforschung betrieb. Durch rege wissenschaftliche Aktivitäten und den Aufbau von Kooperationsbeziehungen setzte er sich für den Fortbestand der eigenständigen Leipziger Ethnologie ein.

Von Dietrich Treide übernahm die Institutsleitung 1994 Bernhard Streck, ein Ethnologe, der sich mit dem arabischen Raum befasst, besonders mit dem Sudan. Bis zu seiner Emeritierung 2010 engagierte auch er sich für das erfolgreiche Fortbestehen des Instituts und setzte sich dafür ein, durch unterschiedlichste Finanzierungsprojekte die Studienbedingungen für die interessierten Studentenscharen bei einer unzureichenden Mitarbeiterzahl erträglich zu gestalten.

Die einstigen vier großen Forschungsregionen wurden in den letzten Jahren auf den Nahen Osten und Lateinamerika beschränkt, weil die Mittel drastisch sanken, aber die Studentenzahlen sprunghaft anstiegen. Die Palette der Untersuchungen ist dennoch nach wie vor sehr vielseitig, sie reicht von Studien über die „Lachkultur am Persischen Golf" bis hin zur „Landnutzung in der Syrischen Steppe".

Ebenso starken Zustrom wie das Institut für Ethnologie hat auch das Völkerkundemuseum zu verzeichnen, das im Grassi-Bau am Johannisplatz untergebracht ist und traditionell eng mit der Universität zusammenarbeitet. Etliche der dort ausgestellten Exponate, wie Schmuck, Gefäße, Waffen, Boote, ja ganze Behausungen, wurden ebenfalls von Leipziger Wissenschaftlern zusammengetragen. Einer von diesen Weltreisenden, Lothar Stein, ist dabei sogar Mitglied eines Beduinenstammes geworden. Diese weltumspannende Leipziger Tradition ist in den Ausstellungsräumen des Völkerkundemuseums nach wie vor wahrnehmbar, auch wenn in der Forschung und Lehre die große Palette nicht mehr zur Verfügung steht.

Öffentliche Präsenz in Leipzig

Damit auch die breite Öffentlichkeit von den Leistungen der Wissenschaftler und von der Kreativität der Studenten profitieren kann, gibt es Orte wie das Grassi-Museum oder das Ägyptische Museum, die auch außerhalb Leipzigs bekannt sind und viele Besucher anlocken.

Zudem finden an den unterschiedlichsten Orten der Stadt vielfältige Veranstaltungen statt, angefangen bei Vorträgen und Ausstellungen bis hin zu Dichterlesungen und Filmvorführungen. Besonders zahlreiche öffentliche Vorträge werden über das Alte Ägypten gehalten. Der von Angehörigen des Orientalischen Institutes gegründete *Verein zur Pflege und Förderung der Orientwissenschaften e. V.* gewährt Unterstützung, wenn es darum geht, prominente Gäste in die Universität einzuladen, Wissenschaftler, Schriftsteller, Publizisten vornehmlich aus arabischen Ländern. Auch das Leipziger Haus des Buches pflegt Kontakte zum Orientalischen Institut und richtet mit ihm gemeinsam Lesungen aus, und das nicht nur während der alljährlichen Buchmesse.

Die Studenten starten in Eigeninitiative bemerkenswerte Unternehmungen, die ihr Interesse für das Fachgebiet zeigen und zudem dazu dienen, die Aufmerksamkeit der Öffentlichkeit auf die Früchte ihrer Arbeit zu lenken. Arabistik-Studenten übersetzen die in Deutschland weitgehend unbekannte moderne arabische Lyrik und präsentieren sie einfallsreich und mit einem hohen Grad an Aktualität, untermalt von arabischer Lautenmusik, in ihren Seminarräumen oder auch im romantischen Kellergewölbe der universitätseigenen Moritzbastei.

In Zusammenarbeit mit der in Leipzig gegründeten *Vereinigung Arabischer Studenten & Akademiker e. V. (VASA)* werden auch andere kulturelle Veranstaltungen organisiert und gegebenenfalls Mahnwachen und Kundgebungen durchgeführt, um die Leipziger Bevölkerung für die Krisen im Nahen Osten und Nordafrika zu sensibilisieren. Die Leipziger Nikolaikirche war mehrfach in die Aktivitäten für den Frieden involviert.

Manche Studenten gehen auch für längere Zeiträume in Flüchtlingslager im Nahen Osten oder Nordafrika, andere engagieren sich in Asylantenheimen in Deutschland und verhelfen den in der Fremde Verlorenen durch kompetenten Deutschunterricht zu mehr Selbstvertrauen.

Den Orient nach Leipzig zu holen, hat sich auch der *Eurient e. V.* zur Aufgabe gemacht. Studenten und Absolventen arbeiten in dem 2004 gegründeten Verein, der nicht nur anspruchsvolle Filmreihen in der Leipziger Kinobar NATO organisiert, sondern zuvorderst Wissen und Kompetenz seiner Mitglieder einer interessierten Öffentlichkeit übermitteln will, damit Vorurteile, Halbwahrheiten und oberflächliche Wahrnehmungen hierzulande nicht mehr das Bild vom sogenannten Orient bestimmen. Vorurteile werden ganz nebenbei auch abgebaut, wenn immer mehr Studenten aus Nordafrika und dem Nahen Osten nach Leipzig zum Studium kommen und enge Kontakte zu ihren deutschen Kommilitonen pflegen. Man lernt gemeinsam, teilt Sorgen und Nöte, feiert zusammen, freut sich für- und miteinander. Man kennt sich als Mensch und nicht als Angehöriger einer anderen Gruppe. Man sammelt persönlich geprägtes Wissen und findet einen selbstverständlichen Zugang zu einer Welt, die einem vorher vielleicht nur theoretisch oder gar nicht bekannt war. Es geht also an den akademischen Einrichtungen nicht nur um Lehre und Forschung, sondern auch um Beziehungen auf rein menschlicher Ebene.

Zum Weiterlesen:
Krauspe, Renate: Das Ägyptische Museum der Universität Leipzig, Mainz 1997.
Geschichte der Universität Leipzig 1409–2009, Ausgabe in fünf Bänden, herausgegeben im Auftrag des Rektors der Universität Leipzig, Professor Dr. jur. Franz Häuser, von der Senatskommission zur Erforschung der Leipziger Universitäts- und Wissenschaftsgeschichte, Bd. 4, S. 325-438.

Autorinnen und Autoren

Katrin Beuchel aus Rostock studiert Arabistik und Religionswissenschaften in Leipzig und bereiste Ägypten und Tunesien

Alexander Djacenko aus Berlin studiert Konferenzdolmetschen Arabisch-Deutsch und Politikwissenschaften in Leipzig, absolvierte eine Buchhändlerausbildung und ein Studium der Islamwissenschaft und Geschichte in Berlin, hatte Aufenthalte in Südamerika, Ägypten, Syrien und der Türkei und arbeitete beim Internationalen Bund im Flüchtlingsheim Marienfelde

Lara-Lauren Goudarzi-Gereke aus Bad Harzburg studiert Arabistik in Leipzig und ab Herbst 2013 in Göttingen Arabistik, Iranistik und Jura, bereiste Ägypten, die Vereinigten Arabischen Emirate und Oman hatte Studienaufenthalte in sahrawischen Flüchtlingslagern in Algerien

Shahin Rasul aus Kabul studierte persische Literatur an der Universität Kabul, lebt seit 2004 mit ihrem Mann und ihren zwei Töchtern in Deutschland und seit 2009 in Leipzig, wo sie Arabistik studiert

Charlotte Maria Schmidt aus Brandis bei Leipzig studierte in Leipzig Arabistik und Deutsch als Fremdsprache, Magister in Arabistik, hatte Studienaufenthalte in Ägypten und arbeitete ein Jahr in Jordanien als Deutschlehrerin an der University of Jordan

Lukas Scholz aus Schramberg im Schwarzwald studierte in Leipzig Arabistik und Ethnologie, Magister in Arabistik, hatte Studienaufenthalte in Ägypten, Jemen, Marokko und Polen, arbeitete am Sonderforschungsbereich 586 „Differenz und Integration" und beteiligte sich an der Organisation der Sonderausstellungen „Brisante Begegnung – Nomaden in einer sesshaften Welt" sowie der begleitenden Kunstaustellung „Wahlverwandtschaften – Imagination des Nomadischen"

Bri Schröder aus Limburg an der Lahn ist irisch-deutscher Herkunft, studiert Arabistik, Englische Literatur und Französisch in Leipzig, arbeitete nach dem Abitur 2010 ein Jahr in einem Kindergarten in Kamerun und bereiste unter anderem Tunesien und Palästina

Tarek El-Sourani aus Schwerin ist Sohn deutsch-palästinensischer Eltern, studiert in Leipzig Arabistik und Religionswissenschaften, war mehrfach in Gaza und Jerusalem und hatte weitere Aufenthalte in Ägypten, Syrien, Marokko und in Tunesien

Juliane Stöhr aus Hohenleuben (Ostthüringen), studiert Arabistik und Theologie in Leipzig, lebte und arbeitete ein halbes Jahr in Dubai, hatte weitere Aufenthalte im Westjordanland und in Tunesien

Vicky Ziegler aus Halle, wuchs bei ihrem palästinensischen Stiefvater auf, studiert in Leipzig die Studiengänge Master Arabistik und Konferenzdolmetschen, hatte Studienaufenthalte in Syrien und Tunesien

Bildnachweis:

Die Fotografien wurden mit freundlicher Genehmigung zur Verfügung gestellt von:
Kristina Stock: Seiten 85, 88, 133, 136-137, 140-141, 148, 165, 167, 171;
Stefan Pohlmann: Seite 143;
Stefania Stock: Seiten 145, 146, 149;
Vicky Ziegler: Seiten 48, 50;
Ludwig Ander-Donath: Seite 19;
Jonathan R. Schmid: Seiten 36, 37;
Adel Karasholi & Regina Karachouli: Seiten 60, 63, 64, 66, 67, 68;
Mona Ragy Enayat: Seiten 108, 109, 111,
Shahin Rasul: Seite 161;
Amil Salman: Seiten 75, 77, 84;
Lothar Stein: Seiten 93-95, 97, 102-106;
Katrin Beuchel: Seiten 123, 127, 131;
Wikimedia Commons: Alexander Zaureweid: Seite 144;
Wikimedia Commons: Marco Schulze CR LeipzigSeiten: Seite 22;
Wikimedia Commons: Appaloosa Seite 24

Germanistische Streifzüge durch Leipzig
Auf den Spuren von Literaten und Sprachwissenschaftlern

Ebenso wie Handel und Bürgertum haben Literatur und Wissenschaft Leipzig maßgeblich geprägt. Dieses Buch widmet sich aus germanistischer Perspektive manchen bekannten und vielen weniger bekannten Personen und Aspekten, die Literatur und Sprachwissenschaft mit Leipzig verbinden. Der Bogen, den das Buch spannt, reicht von Geistesgrößen wie Goethe und Schiller über Literaten mit eher regionaler Bedeutung wie Lene Voigt und Hans Reimann bis hin zu Übersichtsdarstellungen zum Deutschen Literaturinstitut oder zu Namen von Literaten in Leipziger Straßennamen. Vorgestellt werden weiterhin berühmte Sprachwissenschaftler des 19. und 20. Jahrhunderts an der Leipziger Universität. In allen Bereichen stellt das Buch Bezüge zur Gegenwart her und regt dazu an, auf Streifzügen durch das heutige Leipzig Wirkungsstätten und Orte des Gedenkens zu entdecken.

Georg Schuppener (Hrsg.)
Germanistische Streifzüge durch Leipzig
Auf den Spuren von Literaten und Sprachwissenschaftlern
ISBN: 978-3-940075-25-3 [D] 9,95 €
www.hamouda.de

Englisches Leipzig
Eine Spurensuche von A bis Z

Ist Leipzig nur ein Klein-Paris? Nein, es ist auch ein Klein-London, ein Klein-Australien oder Klein-Amerika. Das haben Studenten der Anglistik herausgefunden. Von A bis Z haben sie Leipzig und die nähere Umgebung durchforstet und sind auf Reisende gestoßen – die australische Schriftstellerin, den amerikanischen Lyriker oder die Kinder, die aus Leipzig mit dem sogenannten Kindertransport 1938-39 in die Freiheit gelangten, den führenden britischen Architekturhistoriker, der im Musikviertel aufwuchs. Aber auch eine andere Seite tat sich auf: die vielen Leipziger, die in die englischsprachigen Länder zogen oder deren Ruhm sich dort ausbreitete: Mendelssohn, Bach, Wagner, Eisler, Pevsner, Hahnemanns Homöopathie und der Streifen des Herrn Möbius ... und auch Shakespeare hat einen Roman über Leipzig geschrieben.

Ein staubtrockenes Lexikon ist so nicht entstanden. Vielmehr ein kreativer Umgang mit Kulturgeschichte: Detektivsuche wie Briefroman, Interview, Reisebericht und Porträt.

Elmar Schenkel (Hrsg.)
Englisches Leipzig
Eine Spurensuche von A bis Z
ISBN 978-3-940075-43-7 [D] 10,95 €
www.hamouda.de